D1729934

"..... dass ihr euren Glauben und eure Liebe im tätigen Dienst bewährt ....."

Ludwig Schlaich
zum 100. Geburtstag

Beiträge von:

Klaus-Dieter Kottnik
Claus Maier
Theodor Schober
Hans-Ulrich Schaudt
Martin Sperl

Impressum

Herausgeben von der
Diakonie Stetten e. V.
Klaus-Dieter Kottnik
Schloßberg 2, 71394 Kernen i. R.

Layout:
Bernhard Thalacker,
Berufsbildungswerk Waiblingen

DTP und Druck:
Druckerei Berufsbildungswerk Waiblingen

Buchbinderische Verarbeitung:
Buchbinderei Berufsbildungswerk Waiblingen

1. Auflage 800-9/00

ISBN 3-00-0064000-1

Ludwig Schlaich
1899 - 1977

Am 5. Juni 1999 hätte D. Ludwig Schlaich seinen 100. Geburtstag gefeiert. Am Vorabend dieses Ereignisses kam eine große Schar ehemaliger Freunde und Freundinnen, Wegbegleiter, behinderter Menschen, ehemaliger und heutiger Mitarbeiterinnen und Mitarbeiter mit der Familie des früheren Stettener "Inspektors" zusammen, um der großen und bedeutenden Persönlichkeit der damaligen Anstalt und heutigen Diakonie Stetten zu gedenken.

Zwei Jahre vor diesem Gedenktag war eine heftige und schmerzhafte Diskussion über die Rolle des früheren Anstaltsleiters im Dritten Reich geführt worden, ausgelöst durch das Buch von Martin Kalusche "Das Schloß an der Grenze". Die Diskussion hat auch in den Medien, in Zeitungsbeiträgen und Rundfunksendungen, ihren Niederschlag gefunden und wurde interessiert von der Öffentlichkeit beachtet.

Im Jahre 1940 sind 328 behinderte Menschen von Stetten nach Grafeneck "verlegt" und dort ermordet worden. Da D. Ludwig Schlaich selbst nach dem Krieg zu den Deportationen und die sie umgebenden Ereignissen literarisch Stellung bezogen hat, ebenso über eine reiche Hinterlassenschaft von Dokumenten und Notizen verfügte, wurde vor allem er und sein Handeln bewertet. Fragen wurden aufgeworfen: Gab es zu wenig Widerstand, wurde gar mit den Machthabern - aus nationalem Gehorsam - zusammengewirkt? Oder wäre jeder weitere Widerstand kontraproduktiv gewesen und hätte zu noch größeren Schäden geführt?

Den Beiträgen zum Geburtstagsfest ist dieses Ringen um Wahrheit abzuspüren, ebenso der Wille, der großen Persönlichkeit und ihrem bedeutungsvollen Werk in Stetten - und weit darüber hinaus - angemessen zu begegnen. Nachfolger und Weggefährten kommen zu Wort. Dieses Buch ersetzt keine Biografie, wohl aber ist es ein kleines Kompendium von Überlegungen, Untersuchungen und persönlichen Erlebnissen, das - ergänzend und zuweilen in Korrektur zur veröffentlichten Geschichte der "Anstalt Stetten" im Dritten Reich - dazu beitragen kann, mehr Licht in das Verständnis der prägenden Persönlichkeit zu bringen, die länger als den fünften Teil der 150 Stettener Jahre Verantwortung getragen hat und sich dabei immer als Mensch im gläubigen Dienst an Menschen mit Behinderungen verstanden hat. Gleichzeitig wird nicht objektiv über einen Menschen gesprochen, sondern jeder Ansprache liegt die Auseinandersetzung mit der eigenen Rolle und der eigenen Geschichte, der vergangenen und gegenwärtigen Verantwortlichkeit der Redenden zugrunde. Dies macht die Lektüre besonders reizvoll.

Die Diakonie Stetten ehrt ihren früheren Inspektor und hält die Erinnerung an die in der württembergischen Tötungsanstalt Vergasten wach. Dies wurde mit der Enthüllung eines Denkmals an der Schlossmauer in Stetten eindrucksvoll festgehalten. Es erinnert, mahnt und fordert heraus.

Pfarrer Klaus-Dieter Kottnik
Kernen

Zum 100. Geburtstag von Ludwig Schlaich

Es ist bestimmt nicht nur eine Laune des Kalenders. 150 Jahre Diakonie Stetten und 100 Jahre Ludwig Schlaich. Das passt zusammen.

Keiner hat die Anstalt so geprägt wie er, ihr nach außen und nach innen ein Gesicht gegeben. Wenn die Stettener Diakonie heute ein Aushängeschild für die Diakonie unserer Landeskirche ist, dann hat sie dies Ludwig Schlaich zu danken. Er war einer der Großen in unserer württembergischen und wohl auch in der deutschen Diakonie. In schwierigster Zeit mußte er schwierigste Entscheidungen treffen. Er war Theologe und hat erfahren, was von Gott her Frucht ist, aber auch, was Schuld und Vergebung heißt. Ihm gerecht zu werden heißt deshalb, auch Gott zu ehren und an Menschen zu denken, die ihm halfen.

Zahlreiche Freunde und Weggefährten haben sich zu seinem 100-jährigen Geburtstag eingefunden. Vor allen anderen möchte ich Sie, liebe Familie Schlaich, und Sie, liebe Frau Jehle, als seine Sekretärin begrüßen. Sie wissen wohl am besten und genauesten, wer und wie Ludwig Schlaich war. Ich begrüße meinen verehrten Vorgänger hier in Stetten, Präsident Prof. Dr. Schober, auch frühere und jetzige Verwaltungsräte und Vorstandsmitglieder. Ich begrüße Herrn Werner Frank vom Landeswohlfahrtsverband, Herrn Prälat Gerhard Röckle und Frau Baehrens vom Diakonischen Werk Württemberg.

Ob es ihm allerdings so recht wäre, daß wir heute seinen Geburtstag feiern? Als Ludwig Schlaich 1967 verabschiedet wurde, legte er Wert auf eine schlichte Feierstunde. Allein Prof. Diem und Prof. Schober sollten reden. Ersterer zur Verleihung der Ehrendoktorwürde der Fakultät Tübingen und der andere als Vorsitzender des Aufsichtsrates. Seine Person wollte er in den Hintergrund, die Heimbewohner aber in den Vordergrund stellen. Wenn wir ihn heute posthum ehren, dann muss dies mit Fingerspitzengefühl geschehen. Wer von uns wird seiner Persönlichkeit voll gerecht? Es ist ein Unterschied, ob ich jemandem persönlich begegnet bin, oder ihn nur vom Hörensagen oder dem Aktenstudium kenne. Es ist entscheidend, mit welchem Vorverständ-nis ich einer Persönlichkeit begegne. Ich bin gespannt, was ich heute hören werde.

Ludwig Schlaich –

eine herausragende Persönlichkeit der deutschen Behindertenhilfe und seine Bedeutung für Stetten.

Immer wieder habe ich mir die Frage gestellt: Ist es nicht sehr vermessen, wenn ein Nachfolger im Amt sich über einen berühmten Vorgänger äußert, ohne dass er je die Gelegenheit hatte, ihn persönlich kennen zu lernen? Können nicht andere, die ihn persönlich gekannt haben, nicht sehr viel mehr von ihm sagen und erzählen als aus dem Lesen von Dokumenten und Büchern und Erfahrungsberichten deutlich wird? Weder bin ich ein Biograf, der eine Vielzahl von Äußerungen Ludwig Schlaichs selbst oder über ihn gesammelt hätte, sie systematisiert und auswertet. Noch bin ich Historiker, der mit den Mitteln kritischer Geschichtsschreibung versucht, ein deutliches Bild der Zeitläufe und der in ihnen agierenden Persönlichkeiten zu zeichnen. Aber ist es nicht so, dass es **die** historische Wahrheit über einen Menschen gar nicht gibt? Warum gibt es eine Vielzahl von Schriften über Johann Wolfgang von Goethe, die in ihren Deutungen nicht deckungsgleich sind, warum eine Fülle von Luther-Biografien, die sich in ihren vermittelten Bildern unterscheiden? Das ist doch deshalb der Fall, weil wir den Versuch unternehmen, Persönlichkeiten, die uns heute noch in irgend einer Weise bestimmen, immer mit den Möglichkeiten und Methoden unserer Zeit zu verstehen, um uns selbst auch besser verstehen zu können. Insofern - denke ich - besteht immer eine Wechselwirkung zwischen den Bedingungen unserer Analysen und Bewertungen und dem, was wir erkennen. Wir bleiben und sind immer auch Kinder unserer Zeit.

Lebensbeschreibungen, Biografien, Geschichtsbücher können nur Annäherungen an die Wahrheit sein, nie die Wahrheit selber. Natürlich kann man Fakten beschreiben, aber die inneren Beweggründe, die Verflechtung von Ereignissen, Bezügen und Beziehungen, lassen sich nicht vollständig erfassen. Deshalb ist alles, was wir Menschen mit unseren Mitteln aussagen können, immer nur etwas Vorläufiges. Als Christen wissen wir, dass die letzte Wahrheit über einen Menschen alleine nur Gott verfügbar ist, der uns besser kennt, als wir uns selbst zu kennen vermögen.

Ich kann und ich will deshalb nur einigen Spuren nachgehen, die Ludwig Schlaich bei uns in Stetten hinterlassen hat und die uns und die Behindertenhilfe in Deutschland bis heute mitbestimmen. Ludwig Schlaich gehört für mich zum großen Dreigestirn unserer Geschichte als Diakonie Stetten: Dr. Georg Friedrich Müller - der Gründer, Johannes Landenberger - der Pädagoge, Ludwig Schlaich - der Vater der Heilerziehungspflege. Damit ist nicht die Arbeitsleistung anderer Persönlichkeiten unserer 150-jährigen Geschichte geschmälert, aber diese Drei haben die Grundstränge unserer heutigen Arbeit und dessen, was Stetten zu Stetten macht, in hervorragender Weise deutlich betont, herausgestrichen und dafür Initiativen ergriffen. Bei all dem kann ich nicht darauf verzichten, auch über das, was in den letzten Jahren über die Rolle Ludwig Schlaichs im Dritten Reich gesagt wurde, Einiges zu bemerken.

Die Lebensdaten von Ludwig Schlaich sind schnell skizziert:

Er wurde als erster Sohn einer Pfarrers- und Missionarsfamilie am 5. 6. 1899 in Jaffa / Palästina geboren. Die Familie kehrte 1908 nach Württemberg zurück. Nach dem Schulbesuch nimmt der junge Soldat am Frankreichfeldzug des 1. Weltkrieges teil und wird als Offiziersanwärter entlassen. Danach studiert er Theologie in Tübingen, nimmt das Vikariat in Ludwigsburg auf und studiert vor allem China-Mission an der Universität von Birmingham. Während des darauffolgenden Vikariats in Weilimdorf heiratet er 1924, lebt dann einige Zeit in Heilbronn und wird Repetent am Tübinger Stift, wo er philosophische Loci und Themen der dialektischen Theologie behandelt. Ab 1927 wird er Stadtpfarrer in Sulz am Neckar.

Am 22. 10. 1930 wurde der neue Inspektor mit Frau und Tochter im Schlosshof der "Heil- und Pflegeanstalt Stetten im Remstal" vom Posaunen- chor, Kollegen, Mitarbeitern und Bewohnern empfangen, obwohl sie später als erwartet eintrafen. Humor- voll schildert er selbst die Begebenheit: "Man kommt ja mit dem Auto meistens zu spät, weil es so schnell fährt". Für vier Söhne sollte Stetten zur Heimat von Geburt an werden. Bis zur Pensionierung 1967 und seinem Tod am 7. 8. 1977 war Stetten der Wir- kungsraum des Inspektors, seiner Frau und seiner Familie.

Anlässlich seiner Abschiedsfeier am 18. 7. 1967 wurde ihm die Ehrendok- torwürde der Theologischen Fakultät der Universität Tübingen verliehen. Begründet wurde diese Auszeichnung damit, dass Ludwig Schlaich "in Wort und Schrift die Sache der Diakonie för- derte und gut durchdachte, um die im Evangelium bezeugte Würde der Kranken und Schwachen sowie deren Recht auf Leben und Entfaltung in der Welt zur Geltung zu bringen". Tatsäch- lich beschreibt diese kurze Zusammen- fassung in ausgezeichneter Weise die Lebensthematik von Ludwig Schlaich: Das Beste an Förderung für alle behin- derten Menschen erreichen zu können, dieses theologisch und gesellschaftlich plausibel zu begründen und die dafür notwendigen Voraussetzungen zu schaffen, um diese Förderung verwirk- lichen zu können. In Variationen beschreibt er immer wieder dieses Anliegen.

Doch in allem war Ludwig Schlaich immer auch ein Kind seiner Zeit. Wir müssen uns vor Augen halten, dass die gesellschaftlichen Umstände 1930 anders waren als 1960 und wieder als 1999. Meiner Generation zum Beispiel sind die Erfahrungen von Krieg und die Begeisterung für den Militärdienst fremd. Durch die Kosovo-Erfahrung und die verheerenden Auswirkungen einer Diktatur werden wir Heutigen herausgefordert, neu über Krieg nachzudenken. Für Ludwig Schlaich war das anders. Sowohl 1917 als auch 1939 hört man keine Worte von ihm, die ihn am Sinn von Krieg zweifeln lassen. Man hat den Eindruck, er identifiziert sich - wie so viele damals - mit den Zielen des Deutschen Reiches.

Aber das Wichtigste ist und bleibt für ihn, die Lebensbedingung behinderter Menschen zu verbessern, vor dem Krieg und nach dem Krieg noch viel mehr.

Im Jahr seines Amtsantritts in Stetten gab es in Deutschland 4,4 Millionen arbeitslose Menschen, Notstandsgesetze hatten die öffentlichen Ausgaben drastisch eingeschränkt und die seit mehr als 10 Jahren vernehmbare Stimme in der Öffentlichkeit, die das Lebensrecht behinderter Menschen bestritt und die Arbeit in Stetten in Frage stellte, wurde immer lauter und häufiger.

Ludwig Schlaich, als politisch denkende Persönlichkeit, argumentiert - vor allem in seinen Jahresberichten - zumeist theologisch und politisch zugleich. Wenn Politik die Kunst des Machbaren ist, dann bleibt Politik immer hinter der Theologie als der Kunst, das Gott Wohlgefällige zu denken und zu leben, zurück. Ludwig Schlaich begründet im Jahre 1930, warum die behinderten Menschen mit Recht "dem Kampf ums Dasein", der

außerhalb der Mauern der Heil- und Pflegeanstalt tobte, enthoben sind. Er begründet dies ethisch, politisch und volkswirtschaftlich. Dazu nennt er ein Beispiel: Mit einem Pflegesatz von 35 Reichsmark im Monat (also weniger als ein Arbeitsloser damals erhielt) sei eine viel effektivere Wirkung erzielt als wenn darauf verzichtet würde, wenn die behinderten Menschen sich alleine überlassen würden und sie nicht gefördert würden. Die Familien würden belastet, die Verwahrlosung und damit auch die Kriminalität würde vergrößert. Er macht - unter den damaligen Umständen - deutlich, dass dies mehr kosten würde und gleichzeitig ethisch nicht verantwortbar sei.

Um sein Anliegen der Förderung behinderter Menschen begreiflich zu machen, geht er immer mehr dazu über, durch anschauliche Erzählungen den Sinn der Arbeit in Stetten erfahrbar zu machen, den Leser und Hörer einfühlen zu lassen und so den Sinn und Erfolg der Arbeit von sich selbst aus zu begründen. Ludwig Schlaich war ein großartiger Erzähler.

Nach den schrecklichen Erfahrungen der sogenannten Euthanasie des Jahres 1940, als allein in Württemberg über 10.000 Menschen mit einer geistigen Behinderung ermordet wurden, wird er beim Wiederaufbau der "Anstalt" kämpferischer werden, einseitiger, fordernder und deutlich und schärfer im Ton. Nach dem Krieg konnte er sich dazu hinreißen lassen, die schlechte Versorgungslage für behinderte Menschen und ihre Familien als "Euthanasie mit anderen Mitteln" zu bezeichnen. Aus einer Verteidigungshaltung vor dem Krieg ist eine Zuspitzung zum beständigen Angriff auf zu wenig Hilfe für behinderte Menschen nach den Kriegsjahren geworden. Es ist darin eine Linie der vorbehaltlosen und liebevollen Zuwendung zum Menschen mit Behinderungen erkennbar, die sich vom ersten Tag seiner Tätigkeit als Inspektor in Stetten bis zum Schluss durchgezogen hat.

Mit dieser Haltung der Zuwendung scheint aus heutiger Sicht seine Einstellung zur Sterilisation im Dritten Reich im Konflikt zu stehen. Durch die umfangreiche dokumentarische Arbeit von Dr. Martin Kalusche *(Das Schloss an der Grenze, Heidelberg 1997)* wissen wir, dass Ludwig Schlaich der führende Vordenker der deutschen Diakonie in Fragen der Eugenik und Sterilisation in den Dreißiger Jahren war. Als 2. Vorsitzender des Verbandes evangelischer

Behindertenhilfe innerhalb der Inneren Mission hatte er sich der Frage der Rassenhygiene und Zwangssterilisation besonders zu widmen. Wenngleich er sie aus theologischen Gründen ablehnte, weil sie ein Eingriff in die Gottesebenbildlichkeit des Menschen sei, befürwortete er sie aus gesellschaftlich politischen Gründen. Er nannte sie ein Opfer der behinderten Menschen für das Volksganze. Wir können diese Gedanken heute kaum mehr nachvollziehen, sie sind nur aus den Umständen mit den ständigen Angriffen auf die Arbeit, die ideologiegeschwängerte Umwelt bis in den Kollegenkreis hinein zu erklären. Wir lehnen heute Zwangssterilisation und eugenische Indikation beim Schwangerschaftsabbruch ab. Aber auch wir haben letztlich noch keine schlüssigen Antworten, wie wir mögliche Kinder behinderter Menschen in unsere Arbeit so integrieren können, dass sie verantwortlich aufwachsen können. Ludwig Schlaich konnte sich auf vorangehende Generationen berufen, auch auf Stettens Gründungsvater Dr. med. Georg Friedrich Müller, der einst der württembergischen Staatsregierung empfahl, die Heirat behinderter Menschen zu untersagen, um Nachkommen zu verhindern.

Wir sind heute - Gott sei Dank - viel sensibler. Aber wären wir es, wenn nicht die Generation vor uns erlebt hätte, wohin nicht genügende Sensibilität in diesen Fragen führte? Und haben wir schon alle Antworten gefunden? Ludwig Schlaich hat nach dem Krieg Zwangssterilisierte als Opfer des Nationalsozialismus bezeichnet. Eine Wiedergutmachung wurde von der Politik bis heute nicht beschlossen. Der Inspektor hat die psychischen Folgen der Zwangssterilisation, die bis in die Gegenwart hinein bei den Betroffenen nachwirken, genau beschrieben. Ohne die Sterilisation wäre jedoch damals für die betroffenen behinderten Männer und Frauen ein Verlassen des Anstaltsgeländes nicht möglich gewesen. Die Sterilisation war also Voraussetzung einer gewissen Freizügigkeit.

Ludwig Schlaich hatte - wie alle vorausgehenden Generationen in der Leitung der Diakonie Stetten ein Ziel vor Augen: Die gesellschaftliche, soziale und berufliche Integration von Menschen mit Behinderungen. Die "Anstalt" sollte ein heimatliches Lernfeld für die volle Integration in die Umwelt sein. Dazu gab es die schulische Förderung, dazu diente das geregelte Leben auf der Wohngruppe. Dafür wurden behinderte Menschen ausgebildet. Genauso wurden zu diesem Zweck Fördermaßnahmen entwickelt. Daher glaube ich, dass Ludwig Schlaich aus politischen Gründen und nicht aus Überzeugung für die Zwangssterilisation war. Nach dem Krieg ist er jedenfalls davon abgerückt.

Es war eine furchtbare Zwangslage, in die die Leitung in dieser Frage gekommen war.

Ludwig Schlaich konnte in seinen Jahresberichten die sogenannten Errungenschaften des "Dritten Reiches" positiv würdigen. Der NSBO - Vertrauensrat (Nationalsozialistische Betriebsorganisation) als Interessenvertretung der Mitarbeiterschaft hatte eine Reihe von Verbesserungen bewirkt. So gab es fortan Betriebssport, Mitbestimmung in wichtigen Fragen und kulturelle Veranstaltungen für die Mitarbeiterschaft. Die Vergütung wurde verbessert, gerade für bisher schlechter verdienende Berufe. Statt der bisher geltenden Sieben-Tage-Woche wurde die 60-Stunden-Woche eingeführt.

Genauso war aber auch ein äußeres Wachstum der "Anstalt" zu verzeichnen. Für die auf 750 Menschen angestiegene Zahl von Bewohnerinnen und Bewohnern wurden neue heilpädagogische Methoden entwickelt. Die Gebaude konnten instand gehalten und eine Reihe von Neuerwerbungen getätigt werden. So wurde das Stettener Freibad von der "Anstalt" gebaut, genauso eine neue Metzgerei mit einem Betriebsgebäude. Ein neues Gelände, auf dem eine weitere Einrichtung geplant war, konnte in Rommelshausen erworben werden.

Von der Mitarbeiterschaft war eine große Anzahl Mitglied in der NSDAP, wie auch die Kollegen im Vorstand. Ludwig Schlaich selbst hatte einen Versuch unternommen, in die Partei einzutreten. - Der Antrag wurde jedoch abgelehnt. Wir finden sehr eindrückliche Schilderungen, wie vielfältig die Versuche waren, die sechs Tötungstransporte von Stetten nach Grafeneck im Jahre 1940 zu vereiteln. Dies geschah nicht nur durch Ludwig Schlaich, sondern auch durch die anderen Leitenden, die Parteimitglieder waren, sowie die junge Anstaltsärztin. Man hat sich auf den Weg von Verhandlungen, Protesten, Telefonaten, Briefen eingelassen. Ludwig Schlaich war telefonisch bis in die T4-Zentrale nach Berlin durchgedrungen. Für uns Heutige erstaunlich bleibt, dass der Weg in die Öffentlichkeit nicht gesucht wurde. Wir können nur Mutmaßungen darüber anstellen. Der Jahresbericht aus dem Jahr 1940, der nach den tödlichen Transporten geschrieben worden war, klärt sehr verschlüsselt die Vorgänge auf. Tatsächlich waren 330 Menschen mit einer Behinderung aus Stetten in Grafeneck ermordet worden! Die "Anstalt" wurde jetzt mit Übersiedlern aus Bessarabien und anderen südosteuropäischen Gebieten belegt. Ab 1944 zog das Stuttgarter Katharinenhospital in das Schlossgelände ein. Die sich im Kriege befindlichen Mitarbeiter wurden nicht entlassen, damit sie den Grund-

stamm für die Wiederaufnahme der Arbeit nach dem Kriege bilden könnten. Dies war die Hoffnung, die trotz der vollständigen Schließung der "Anstalt" die Leitung und Ludwig Schlaich beseelte.

Nach dem Krieg, als Ludwig Schlaich aus der Gefangenschaft zurückgekehrt war, suchte er den Weg in die Öffentlichkeit. Mit seinen Schriften "Lebensunwert" und "Dienst am hilflosen Volk", den Jahresberichten von 1945 und 1949, legte er seine Sicht der Geschehnisse der nationalsozialistischen Verbrechen dar. Er schildert einfühlsam die Schrecken der mit den "Grauen Bussen" abtransportierten Bewohnerinnen und Bewohner. Er legt Rechenschaft ab über das Handeln der Leitung. Es wäre für unsere heutige Generation noch hilfreicher, wenn darin auch eine Auseinandersetzung mit dem von ihm vor dem Krieg positiv gewürdigten Veränderungen durch das Dritte Reich zu lesen wäre. Aus seiner Haltung nach dem Krieg und seiner eindeutigen Positionierung in der Öffentlichkeit und vor der Mitarbeiterschaft können wir schließen, dass er frühere Formulierungen bedauert hat und schwer an der damals nicht möglichen Verhinderung der Ermordung der Stettener Bewohnerinnen und Bewohner zu tragen hatte. An seiner ungebrochenen Zuneigung zu allen behinderten Menschen gibt es für mich keinen Zweifel: "Viele unserer

Kranken haben ein ganz warmes Gemüt. Sie haben einen Wert in sich, der sie weit über so manchen tüchtigen Menschen hinaus hebt". So schrieb er 1935 und fügte 1937 hinzu: "Wir sind dem Wohl und der Fürsoge der behinderten Menschen verpflichtet!"

Ludwig Schlaichs Glaubwürdigkeit hat durch die schrecklichen Ereignisse von 1940 weder bei Angehörigen noch bei Bewohnern Schaden erlitten. Viele der in anderen Einrichtungen wie Mariaberg, Winnental, Göttelfingen, Wilhelmsdorf, aber auch zu Hause überlebenden Bewohnerinnen und Bewohner wollten ab 1945 wieder zurück nach Stetten. Doch erst am 8. 7. 1952 konnte die Rückgabe des Schlosses und des ehemaligen Krankenhauses von der Stadt Stuttgart gefeiert werden. Ludwig Schlaich suchte auch die politische Öffentlichkeit: Ministerpräsident Reinhold Maier konnte er als Ersten gewinnen, zu Bundespräsident Heuss hielt er Kontakt; die Bundesgesundheitsministerin, Frau Dr. Schwarzkopf, besuchte Stetten. Die gesellschaftliche Öffentlichkeit wurde durch Schriften und Presse mit seinen Forderungen nach einem Rückgabegesetz und einer Gesamtplanung der Behindertenhilfe durch den Landeswohlfahrtsverband und dem Ruf nach ständigem Ausbau der Plätze und Hilfsmöglichkeiten vertraut gemacht.

Schlaich suchte die Öffentlichkeit der Kirchengemeinden. Er verstand die diakonische Arbeit als eine, die sich aus dem Auftrag der Kirche her leitet. Deshalb musste die diakonische Arbeit mit der Kirche eng verbunden werden. Ohne Kirche verlöre die diakonische Arbeit ihren Nährboden. Dafür entwickelte er schon 1934 die "Bilder aus Stetten" als regelmäßige Information, setzte sich für den Besuch von Gemeindegruppen ein und war selbst zu vielerlei Predigtdiensten im Lande unterwegs. Die Früchte sind noch heute spürbar. Landesbischof Dr. Haug zeigte in den ersten Nachkriegsjahren mehrmals großes Interesse an den Entwicklungen in Stetten .

Ludwig Schlaich legte nach den Erfahrungen im Dritten Reich besonders großen Wert darauf, dass die Mitarbeiterschaft eine enge kirchliche Bindung hat. Daher tat er alles dafür, dass ein eigener kirchlicher Weg der Mitarbeitervertretung gewählt werden konnte, der später im Mitarbeitervertretungsgesetz seinen Niederschlag gefunden hat. Gleichzeitig war ihm schon immer das Wohl auch der Mitarbeiterschaft wichtig. Hier gibt es eine Linie, die sich durch seine gesamte Tätigkeit in Stetten durchzieht. Schon 1935 wurden die ersten Mitarbeiterwohnungen gebaut, um günstigen Wohnraum anbieten zu können. Den Mitarbeitern wurden günstige Darlehen gewährt, um Wohneigentum erwerben zu können. Die betriebseigene Zusatzaltersversorgung wurde auf stabile Füße gestellt. Viel Fantasie wurde darauf verwendet, die Gemeinschaft unter der Mitarbeiterschaft zu stärken. Sicherlich war der Bau von drei Wohnhäusern für junge Frauen in den 60-er Jahren ein Meilenstein in der Fürsorge für die Mitarbeiterschaft. Diese hatten die Möglichkeit, in für die damaligen Verhältnisse sehr schönen Zimmern selbständig, unabhängig und günstig leben zu können, um sich von ihrer Arbeit zu erholen.

Oftmals formulierte er seinen Dank an die Mitarbeiterschaft für ihre schweren, aber sinnvollen und befriedigenden Dienst. Er konnte sich jedoch nur vorstellen, dass ausschließlich solche Mitarbeiter dafür gereifte Persönlicheiten sind, die "in wagendem Glauben an die Arbeit herangehen".

Für ihn, den Vater der Heilerziehungspflege und damit der Begründung der Fachlichkeit in der Behindertenhilfe - stand immer die Persönlichkeit und Menschlichkeit im Vordergrund. Er hat den Beruf des Heilerziehungspflegers 1933 ins Leben gerufen. Und dennoch kann aus seiner Sicht Fachlichkeit zuwendende Liebe nicht ersetzen. Alle Mitarbeiterinnen und Mitarbeiter sollten ihm darin folgen, *"dass sie sich darum bemühen, durch hingebende Liebe die guten Seiten des Charakters der behinderten Menschen zu wecke und Selbstvertrauen zu gewinnen".*

Wir dürfen nicht vergessen, dass Ludwig Schlaich die längste Zeit seiner beruflichen Tätigkeit nach dem Kriege gewirkt hat. 1930 begann er in Stetten. 1939 wurde er in den Kriegsdienst eingezogen und war nur kurze Zeit zu Hause. Von 1945 bis 1967 setzte er sich für eine großartige Aufbauarbeit ein, die danach von seinem Sohn Peter Schlaich fortgeführt wurde. Aus den Anfängen auf der in den Dreißiger Jahren gekauften Hangweide, wo 1946 in einem Haus die ersten Bewohnerinnen und Bewohner nach dem Krieg eine neue Heimat fanden, wurde bis zu seinem Ruhestand eine Einrichtung, die über 1100 Menschen Heimat und Förderung bot. Es wurde gebaut, instandgesetzt, modernisiert, aufgestockt. Die Hangweide wurde verwirklicht als eine Modelleinrichtung für ein Dorf, das behinderten Menschen Heimat gibt und ein freies, ungezwungenes Leben ermöglicht. Das von Professor Rogler ausgebaute Anwesen fand 1957 europaweit Beachtung.

Die berufliche Bildung, die später in das Berufsbildungswerk in Waiblingen mündet, wurde rasant fortentwickelt. So mancher Stettener Lehrling mit einer Lernbehinderung schnitt nach der hervorragenden Ausbildung als

Bester im Kreis ab. Ludwig Schlaich konnte erreichen, dass die Prüfungsordnung für Lehrlinge so verändert werden konnte, dass auch lernbehinderte Jugendliche einen Ausbildungsberuf erlernen können. Die Arbeitsplätze für behinderte Menschen wurden vermehrt. Auf neue Herausforderungen wurde reagiert: Bei der Zunahme verhaltensauffälliger Bewohner wurde schon gleich nach dem Krieg eine Psychiaterin eingestellt, bald kam eine Psychologin hinzu; die jungen Menschen, die eine Ausbildung erfahren hatten, wurden von der nachgehenden Fürsorge betreut. Besonders galt die Aufmerksamkeit den schwerstmehrfach behinderten Menschen: "Es ist keines zu schwach, als dass es nicht aufgenommen werden könnte" (1952).

Die schulische Bildung wurde erweitert. Die Zusammenarbeit mit Fachhochschulen und der Universität Tübingen wurde intensiviert. Jede neu erkannte Aufgabe wurde mit politischen Forderungen verbunden. Die unter Dr. Wildermuth Ende des letzten Jahrhunderts erprobte Epilepsieambulanz wurde in Stetten von Dr. Kast wieder neu eröffnet. Als die "Lebenshilfe für das geistig behinderte Kind" 1959 politische Forderungen nach schulischer Bildung für alle und der Schaffung von Werkstätten für Behinderte erhob, als die Fachwelt die Zehnergruppe als Maßstab für behin-

dertengerechtes Wohnen entdeckte, konnte Ludwig Schlaich nur schmunzelnd feststellen, dass dies längst verwirklichte Stettener Realitäten beschreibe und alte Forderungen aus Stetten aufnehme.

Ludwig Schlaich hatte kaum Sorge vor dem weiteren Wachstum der "Anstalt". Er machte deutlich, dass trotz Größe darauf geachtet werden muss, die familienähnliche und warmherzige Art für die Bewohnerinnen und Bewohner zu erhalten, so dass jeder einzelne sich persönlich beachtet und geliebt weiß. Das ist und bleibt unser Maßstab bis zum heutigen Tag und wird es auch in Zukunft bleiben!

Ludwig Schlaich wurde 1952 Anstaltsleiter. Das im Dritten Reich geforderte, aber gescheiterte Führerprinzip, wurde zu diesem Zeitpunkt umgesetzt. Bis dahin war immer ein Leitungsgremium verantwortlich und der Inspektor war, wie heute der Vorstandsvorsitzende, der Primus inter pares. Das Leitungsprinzip allein macht noch keine Qualität. Ob eine Alleinverantwortlichkeit vorhanden ist oder ein mehrköpfiger Vorstand Verantwortung trägt, wie es von Anfang an Kennzeichen Stettener Leitung war und heute wieder ist, hängt immer von dem guten und vertrauten Zusammenspiel unterschiedlicher Verantwortlichkeiten ab. Zwischen 1930 und 1940 war dieses Zusammenspiel in der Leitung schwer belastet. Viel anders war es wohl in der Zeit des Wiederaufbaus, als Ludwig Schlaich Anstaltsleiter war.

Ich will deshalb einige herausragende Persönlichkeiten nennen, die mit Ludwig Schlaich zusammen die hervorragende Stettener Qualität seit 1952 mitgestaltet haben und die das, was an Bewunderungswürdigem in der Zeit der Anstaltsleitung Ludwig Schlaichs nach dem Kriege entwickelt wurde, mitverantwortlich aufgebaut haben:

Der Stettener Schulrektor Theodor Dierlamm konnte die schulische Bildung für alle behinderten Schülerinnen und Schüler profilieren und auch politisch durchsetzen; der Stellvertreter von Ludwig Schlaich, Dr. Dr. Johann Jakob Sommer hat die Berufliche Bildung lernbehinderter Jugendlicher in Stetten mitentwickelt und die gesetzlichen Grundlagen dafür maßgeblich mitgestaltet; Herr Singer hat für die Wirtschaftskraft der "Anstalt" gesorgt; die Ärzte Dr. Gmelin und Dr. Kast haben das hohe Niveau der Medizin garantiert und weiter entwickelt; Frau Simpfendörfer hat der Hauswirtschaft eine herausragende und beispielhafte Qualität gegeben, die bis heute bundesweit als vorbildlich gilt. Viele andere wären zu nennen. Auf ihrer Arbeit fußt das heutige Niveau Stettener Diakonie.

Andere Einrichtungen konnten von Stetten profitieren: Die Gustav-Werner-Stiftung, deren Vorstand Ludwig Schlaich von 1951 bis 1956 neben seinem Amt als Anstaltsleiter in Stetten war; die Stiftung Lichtenstern, deren erster Leiter, Pfarrer Vierling mit 26 Schlossbewohnern und einigen Mitarbeitern 1962 aus Stetten kam; der Sonnenhof in Schwäbisch Hall, der 1964 Pfarrer Gerhard Schubert von der Hangweide für die Planung und den Aufbau erhielt; die Heilerziehungspflegeschule in Mariaberg, deren Rektor Otto Wurst aus Stetten kam und die Heilerziehungspflegeschule in Schwäbisch Hall, deren bisherige Leiterin, Frau Beißwenger, in Stetten Heilgymnastik ausgeführt hat. Ludwig Schlaich hat sich immer um enge Kooperation mit den befreundeten Einrichtungen bemüht.

Ich habe versucht, Spuren zu zeigen, die Ludwig Schlaich hinterlassen hat - mehr nicht. Ich glaube, dass er in reichem Maße bis zum heutigen Tage nachwirkt; dafür können wir ihm nicht hoch genug danken, ihn schätzen und in Ehren halten.

Ludwig Schlaichs Überzeugungen, die er in der Tradition der Gründerväter der Diakonie Stetten vertreten hat, klingen bis heute in Stetten nach. Es ist sein Vermächtnis, im Bewusstsein der Schuld gegenüber dem Leben behinderter Menschen im Dritten Reich, in unserer Zeit alles zu tun, dass Menschen mit Behinderungen in unserem Land jeden Schutz bekommen, der ihre Entfaltung unterstützt und ihnen gelingendes Leben ermöglicht.

Ludwig Schlaich –

der Vater der Heilerziehungspflege

Selbstbestimmung, Lebensqualität, Normalisierung, Selbsthilfe, Integration, Individuelle Betreuungs- und Entwicklungsplanung, Gruppenkonzeption, Qualitätssicherung, Qualitätsentwicklung, Zertifizierung, Professionalisierung, Spezialisierung, Heimpersonalverordnung, Fachkraftquote, Personalentwicklungsplanung, Schlüsselqualifikation, Anforderungsprofil, Supervision, Teamarbeit, Kooperation, Sozialkompetenz...

. . . ich höre lieber auf, Ihnen weitere Begriffe um die Ohren zu schlagen, die allenthalben die Welt der Behindertenhilfe erfüllen. Es ist nicht meine Absicht die gegenwärtigen Herausforderungen unserer Arbeit karikierend oder gar polemisierend zu kommentieren. Es handelt sich ja vielmehr um die Spannungsfelder, in denen Heilerziehungspflege sich heute vorfindet und in denen sie sich behaupten muß.

Es scheint mir freilich bedeutsam, dass Ludwig Schlaich, der heute als "Vater der Heilerziehungspflege" dargestellt werden soll, von solchen Entwicklungen kaum eine Ahnung haben konnte, als er die Bühne der Behindertenhilfe betrat, geschweige denn, dass er sich dieses Jargons bedient hätte. Gleichwohl möchte ich behaupten, dass die Entwicklung solcher Begriffe, die Entwicklung auch von Wertvorstellungen und Werthaltungen, die sie beinhalten, in der Behindertenhilfe nicht hätte zum Tragen kommen können ohne die Dynamik, die mit dem Input der Heilerziehungspflege durch Ludwig Schlaich angestoßen wurde. Heilerziehungspflege steht hier generell für Fachlichkeit in der Begleitung und Betreuung von Menschen mit Behinderungen.

Erlauben Sie mir einen kurzen Hinweis: Noch vor zehn Jahren gab es in der Bundesrepublik Deutschland 33, in der DDR fünf Schulen für Heilerziehungspflege, und die meisten Schulen gehörten konfessionellen Trägern an. Heute gibt es bundesweit 170 Fachschulen, dazu ca. 50 weitere Anbieter einer HEP-Ausbildung. Sie merken, es boomt. Es gibt Konkurrenz auf dem Markt. Zunehmend haben öffentliche, staatliche Schulen begonnen, Heilerziehungspfleger auszubilden, aber auch immer mehr freie, teilweise kommerzielle Unternehmer in Sachen Aus-, Fort- und Weiterbildung drängen auf den Markt. Mittlerweile gibt es ca. 28 000 ausgebildete Heilerziehungspfleger. Und man kann davon ausgehen, dass zur Zeit jährlich etwa 3 500 Absolventen der Ausbildungsschulen dazukommen.

Die Qualitätsfrage kann bei einer derartigen "Ausbildungsschwemme" nicht außer Acht bleiben. Konkreter: Es ist hier die Frage nach dem Hintergrund, nach den Grundlagen, nach dem Menschenbild zu stellen!

Lassen Sie uns versuchen, an die Quellen zurückzugehen.

Stetten i.R., 1930. Der noch sehr junge Pfarrer Ludwig Schlaich, 31 Jahre alt, wird Inspektor der Heil- und Pflegeanstalt und somit Mitglied des dreiköpfigen Vorstands.

Ludwig Schlaich bezeichnet sich rückblickend selbst als absoluten Laien, der keinerlei Erfahrung oder Kenntnis auf heilpädagogischem Gebiet mitbringt. Er sei "religiöser Sozialist" gewesen, sagt er später in einem Interview. Vielleicht rührt von daher das wache Interesse an der "Personal"gruppe, die offenbar bis dahin ein eher unterprivilegiertes Dasein in der Anstalt führte. Zumindest fällt bei der Lektüre der Jahresberichte aus den zwanziger Jahren auf, daß das Pflegepersonal eigentlich nie in den Mittelpunkt näherer Aufmerksamkeit gerückt wird. Aber sehr ausführlich wird jeweils auf die pädagogische Arbeit der Anstaltsschule und auf die hervorragenden Ideen ihrer Lehrkräfte eingegangen. Breiten Raum nimmt auch jeweils der ärztliche Bereich ein, der darstellt, mit welchen wissenschaftlichen Neuerungen und Methoden gearbeitet wird. Für das Pflegepersonal jedoch finden sich meist lediglich nur ein paar freundliche

Es ist wesentlich das Verdienst unserer Pfleger und Pflegerinnen, wenn unsere Kranken in der Anstalt beimisch werden. Das zeigt der folgende Brief, den ein Bub, O. D., aus der Dakanz seinem Pfleger von seinen Eltern mitbrachte. Da hieß es u. a.: „Er geht gerne wieder von zu Hause fort und freut sich auch wieder, wenn er bei Jhnen ist; er sagte mir, daß sie so arg lieb zu ihm sind was ihm sehr wohltuht. Meinen innigsten Dank für die Liebe und Treue die sie an Ottole beweisen." Jch glaube, wir haben allen Grund, den Dank dieser Mutter an unser gesamtes Pflegepersonal weiterzugeben im Blick auf all die Liebe, die jedes an den seiner Pflege Anvertrauten tut, und wir fügen dran die Bitte an die Angestellten, in solcher Liebe nicht zu erkalten.

> **Es ist aber von entscheidender Bedeutung, daß sich mit der Liebe, die unseren Kranken entgegengebracht wird, die verständnisvolle Einstellung paart, die ihnen zu geben vermag, was sie in ihrer Eigenart brauchen.**

Worte des Dankes für seinen aufopferungsvollen Dienst. Vielleicht ist dieses Geschäft auch einfach zu banal und zu alltäglich, ja eben nur "Alltag", so dass man nicht weiß, was daran für den Leser interessant sein könnte.

Jedenfalls muß einem auffallen, wie nun der neue Inspektor - steter Tropfen höhlt den Stein! - beginnt peu à peu die Bedeutung der pflegerischen Tätigkeit ins rechte Licht zu rücken und damit den Grundstein für ein neues Selbstbewußtsein dieser Mitarbeiter zu legen. Schon der erste von Ludwig Schlaich herausgegebene und verfasste Jahresbericht 1931 macht deutlich, dass hier ein ganz neuer Ton angeschlagen wird.

Schon im zweiten Satz wird angedeutet, dass bei den Pflegern nicht nur ein Mangel sondern ein Bedarf besteht - bei aller Liebe und guter Motivation offenbar auch die verständnisvolle Einstellung für die Eigenart der einzelnen zu betreuenden Menschen. Könnte es besser auf einen Punkt gebracht werden, wozu es einer Ausbildung der Pflegekräfte bedarf?

Natürlich bestehen schon gewisse Ansätze und Versuche der Zurüstung und Fortbildung! Als Rest einer von Dr. Wildermuth seit 1880 durchgeführten Schulung der Pfleger bezüglich der Epilepsie-Behandlung gibt es die Tradition der regelmäßigen "Angestellten-Abende" im Winterhalbjahr, um, wie es heißt, *"unseren Angestellten zu rechtem Verständnis ihrer Pfleglinge zu verhelfen".* Die Ärzte sind hier sehr engagiert, auch der Inspektor selbst macht seine ersten Gehversuche in der Psychologie (Charakterkunde war sein erstes Thema!). Inspektor Schlaich ist aber damit wenig zufrieden. Es kann kein Ersatz für eine systematische Ausbildung sein. Im Einzelfall behilft man sich mit einer Beurlaubung nach auswärts.

Für Schlaich stellt sich immer klarer heraus, welche zentrale Bedeutung für die Persönlichkeitsentwicklung der Pfleglinge das Leben in der Wohngruppe hat. Schon Dr. Müller und Landenberger hatten die Anstalt nie als "Bewahranstalt" verstanden. Von Anfang an stand der Fördergedanke vornean und zunehmend die Notwendigkeit der Beheimatung, die sich aus der Tatsache ergab, dass eben doch viele

Pfleglinge auf Dauer in der Anstalt verblieben. Das hatte Landenberger bewogen, kleine, nach dem Familienprinzip gestaltete Wohngruppen, für höchstens sechs bis acht Pfleglinge einzurichten - im Gegensatz zu den sonst in Anstalten üblichen großen "Abteilungen".

Über viele Jahrzehnte blieben die "Gruppen" ein "Markenzeichen" von Stetten. Ludwig Schlaich erkennt die Chance gerade für die Förderung der mittelgradig Behinderten, für die es noch wenig Arbeits- und Beschäftigungsperspektiven gibt, und für die noch schwächeren Schwerbehinderten, die damals auch noch als bildungsunfähig galten: *Die Wohngruppe als hauptsächlicher Lebensraum muss die Förderung schlechthin sein!* Wie hier der Alltag gestaltet wird, das, davon ist er überzeugt, wirkt sich entscheidend aus auf Entwicklungsförderung bzw. Entwicklungshemmung. Jahrzehnte

später werden Bruno Bettelheim und andere das "therapeutische Milieu" beschreiben und dabei als wesentlich herausstellen, dass nicht die tägliche gezielte Therapie oder Übungsstunde ausschlaggebend sei für das Gelingen einer Therapie, sondern eben das Milieu, in dem die übrigen 23 Stunden des Tages stattfinden. Ludwig Schlaich sieht hier die eminente Herausforderung für den damals noch "Pfleger" genannten Gruppenerzieher, den er für die wichtigste Bezugsperson des Pfleglings hält. Entsprechend, so sein Anspruch, müsste dieser Pfleger eigentlich die fundierteste Ausbildung erhalten, um seine Aufgabe angemessen wahrnehmen zu können. Im nächsten Jahresbericht, 1932, wird die Richtung schon klarer zum Ausdruck gebracht.

Freilich, wenn Ludwig Schlaich hier von *"wir erkennen"* und *"...wir suchen es unseren Pflegern deutlich zu machen.."* spricht, dann handelt es sich in erster

Von größter Bedeutung für die Erziehung unserer Kinder zum praktischen Leben ist neben der Arbeit der Schule die Tätigkeit des Pflegepersonals. Wir erkennen immer mehr und suchen es auch unseren Pflegern deutlich zu machen, daß sie nicht nur pflegerische, sondern ebensosehr auch pädagogische Verpflichtungen ihren Kindern und Erwachsenen gegenüber haben. Daß sie sich in der schulfreien Zeit ganz ihren Kindern widmen können, im Unterschied von Eltern, die ihrer Berufsarbeit nachgehen müssen, das ermöglicht es, auch da noch erzieherische Erfolge zu erzielen, wo die Schule vielleicht gar nichts erreichen kann.

Linie um seine ganz persönliche Ansicht. Nur wenige Pflegerinnen und Pfleger dürften diese Meinung geteilt haben. Vor allem jedoch waren die beiden Vorstandskollegen eher skeptisch gegenüber Schlaichs Bestrebungen. Man gesteht zwar die Insuffizienz vieler Pfleger ein, sieht aber dennoch nicht die Notwendigkeit, deshalb nun gleich alle in besonderer Weise qualifizieren zu müssen. Auch in anderen Anstalten sei dies schließlich so, und überhaupt, es gebe ja auch keine spezifische Ausbildung. Für Ludwig Schlaich schließlich der Anstoß dazu: "Dann machen wir eben selber eine!"

Er macht sich auf den Weg, bereist andere Einrichtungen und Schulen, befasst sich mit den in psychiatrischen Kliniken ausgebildeten "Irrenpflegern", mit den Kindergärtnerinnen-Seminaren und den Kinderkrankenpflege-Schulen. Aber nichts scheint das zu treffen, was er für Stetten als notwendig erkannt hat. Aus den diversen Lehrplänen übernimmt er verschiedene Anteile, sucht nach einer Synthese und doch auch wieder nach einem neuen eigenen Ziel.

Die Vorstandskollegen legen offenbar passiven Widerstand an den Tag gegenüber Schlaichs Plänen. Er sucht im Verwaltungsrat und schließlich bei seinen beiden Amtsvorgängern, Pfarrer Kieser und Pfarrer Sick, Unterstützung.

Beide stellen sich voll hinter ihn und ermutigen ihn, mit der ihm noch eigenen jugendlichen Spannkraft die Sache aufzunehmen. Pfarrer Sick schreibt ihm: *"Es ist an der Zeit, auch im inneren Ausbau unseres Werkes einen entscheidenden Fortschritt zu wagen - im Gehorsam gegen ein höheres Kommando und im Glauben dessen, der zum Wollen das Gelingen gibt und dessen Geist von Anfang unseres Werkes an die dem Geld übergeordnete Macht war. Der Geist lebt aber in den Menschen, nicht in den Häusern. Deshalb erscheint mir die geplante Richtung des Fortschritts richtig, ja notwendig, wenn die innerlichen Grundlagen unserer Arbeit nicht bloß gestärkt, sondern auch erhalten werden sollen..."*

Schließlich genehmigt der Verwaltungsrat am 24. Mai 1933 (wohlgemerkt, wir schreiben das Jahr 1933!) den von Ludwig Schlaich entworfenen detaillierten Ausbildungs- und Lehrplan. In der Präambel heißt es:

- *"Die Anstalt verwendet bisher im Pflegedienst in der Hauptsache Dienstboten und vereinzelt auch handwerklich vorgebildete Kräfte. Auch wenn gewiss die persönliche pflegerische Veranlagung die Haupterfordernis für die Ausübung des Pflegedienstes ist, so kann auch der befähigte Pfleger die Aufgabe nur lösen, wenn er die nötigen Kenntnisse dazu hat, und wenn er dazu angeleitet ist..."*

Es ist unseren Pflegern und Pflege-rinnen immer wieder zum Bewußtsein gekommen, daß es ihre Arbeit sehr erschwert, daß sie sie ohne eigentliche Vorbildung ausführen müssen. So haben wir uns entschlossen, im Oktober 1933 mit der Ausbildung von 3 Pflegern und 5 Pflegerinnen zu beginnen, die sich in mindestens 2-jährigem Pflegedienst in unserer Anstalt schon bewährt haben und die noch jung genug sind, daß ihnen die Teilnahme an einem solchen Kurs zugemutet werden kann.

- *"...Der Zweck der Ausbildung ist daher die sittlich-religiöse Erziehung und die Übermittlung erforderlicher Kenntnisse..."*

- *"... Der Unterricht wird von Beamten der Anstalt erteilt, er erfolgt in deren Dienstzeit, gibt also keinen Anspruch auf Sonderbelohnung..."*

- *"... Die Ausbildung schließt mit einer Prüfung, deren Kommission der Verwaltungsrat wählt..."*

Die Einsicht der Pfleger in die Ausbildungsbedürftigkeit kam wohl kaum von selber. "Fräulein" Anna Kaiser, spätere Hausmutter der Hangweide, erst zu Anfang dieses Jahres im 99. Lebensjahr verstorben, damals jedoch als bereits 33-jährige die älteste der Kursteilnehmer, berichtete mir noch vor einigen Jahren, wie der Inspektor jeden der Kursteilnehmer persönlich ausgewählt, eingeladen und für die

Das sind die sieben Mitarbeiter, vier Frauen und drei Männer, die am 2. Oktober 1933 tatsächlich die Ausbildung begonnen und sie am 11. Oktober 1935 mit der Prüfung abgeschlossen haben. (Anna Kaiser ist die zweite von links, ganz rechts Herr Friedrich Schmid)

Ausbildung motiviert habe. Sie selber sei ja schon als 17-jährige ungelernte Helferin in die Anstalt gekommen und somit bereits 16 Jahre lang im Dienst gestanden. Rückblickend sei es sehr vorausschauend vom Herrn Inspektor gewesen, wie er zu ihr sagte: *"Es kommt die Zeit, Fräulein Anna, da wird das einmal verlangt, und es wäre arg, wenn wir dann ausgerechnet solche Leute wie Sie nicht mehr im Pflegedienst einsetzen dürfen."*

Über zwei Jahre erstreckt sich der Lehrgang und zwar jede Woche Montag, Dienstag, Donnerstag, Freitag, jeden zweiten Mittwoch je drei Stunden nachmittags von 15.50 Uhr bis 18.15 Uhr. Das Unterrichtsjahr umfasst 40 Wochen. Man denke, ein konzentrierter täglicher Unterricht zwei Jahre lang, insgesamt 1 100 Stunden! Vormittags ist Dienst auf der Abteilung. Vom

Mittagessen an sind "die Schüler" vom Dienst befreit, damit sie sich bis zum Unterrichtsbeginn ausruhen und auf den Unterricht vorbereiten können!

Der Lehrplan ist aufgeteilt in allgemeinbildende Fächer, eine pflegerische und eine pädagogische Ausbildung.

Anna Kaiser konnte in hohem Alter sich noch an viele Einzelheiten erinnern und verschiedene Aufschriebe, die sie noch besaß, erläutern. Sie selber sei durch diesen Kurs in ihrer persönlichen Entwicklung um ein wesentliches Stück weiter gekommen. Vieles habe sich ihr ganz neu aufgetan, obwohl es manchmal recht viel gewesen und es nicht immer, zumal im allgemeinbildenden Unterricht, einleuchtend gewesen sei, wozu das wichtig wäre. Beispiele:

Hier Fräulein Annas Stundenplan des zweiten Ausbildungsjahres:

Kurs 1933/1935. Hinter 1934/35.

Stundenplan für Ausbildung des Pflegepersonals.

	Montag	Dienstag	Mittwoch	Donnerstag	Freitag
15.50 bis 16.35	Neues Testament	ärztl. Unterricht	Psychologie	Psychologie	Ärztlicher Unterricht
16.35 bis 17.20	Heilpädagogik	Ausdrucks Lehre	Glaubenslehre	Beschäftigung der Pfleglinge	Ärztlicher Unterricht
17.30 bis 18.15	Gymnastik	Heimatkunde	Glaubenslehre	Beschäftigung der Pfleglinge	Heilpädagogik / Gymnastik

**Die wichtigsten Unkräuter
des Wintergetreides
und ihre Bekämpfung mit**

Kalkstickstoff

Martin Sperl

jeweils eine ausführliche gemeinsame Nachbesprechung. Da ging es vor allem darum, den einzelnen Pfleglingen in ihrer Individualität besser gerecht zu werden.

Sehr hilfreich und horizonterweiternd war auch, dass man zweimal für je ein Vierteljahr auf einer anderen Abteilung eingesetzt wurde. Einmal im Krankenhaus, ein andermal in einem anderen Bereich. Das sei für die Beteiligten, auch für die Behinderten, eine wichtige Erfahrungsmöglichkeit gewesen. - Viele von Ihnen werden hier schon das Urmodell der späteren HEP-Ausbildung erkennen!

Der Herr Inspektor habe eben den Standpunkt vertreten, Leute, die über lange Zeit Tag für Tag mit Geistesschwachen zusammenlebten, könnten gar nicht genug für die eigene geistige Lebendigkeit und Beweglichkeit tun...

Am eindrücklichsten seien die wöchentlichen Praxisstunden *("Beschäftigung der Pfleglinge")* gewesen. Da hospitierten jeweils alle Kursteilnehmer gemeinsam mit dem Inspektor reihum bei einem der Mitschüler auf dessen Abteilung und schauten bei der Beschäftigung der Pfleglinge zu. Es folgte

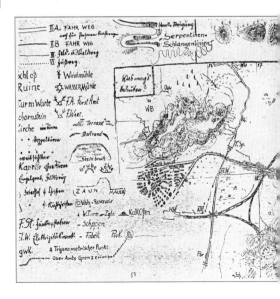

33

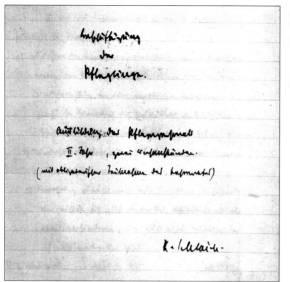

Aus dem Unterrichtstagebuch
von Inspektor
Ludwig Schlaich

ebenso die Seiten 35 und 36

Praxisbericht von
Frau Anna Kaiser

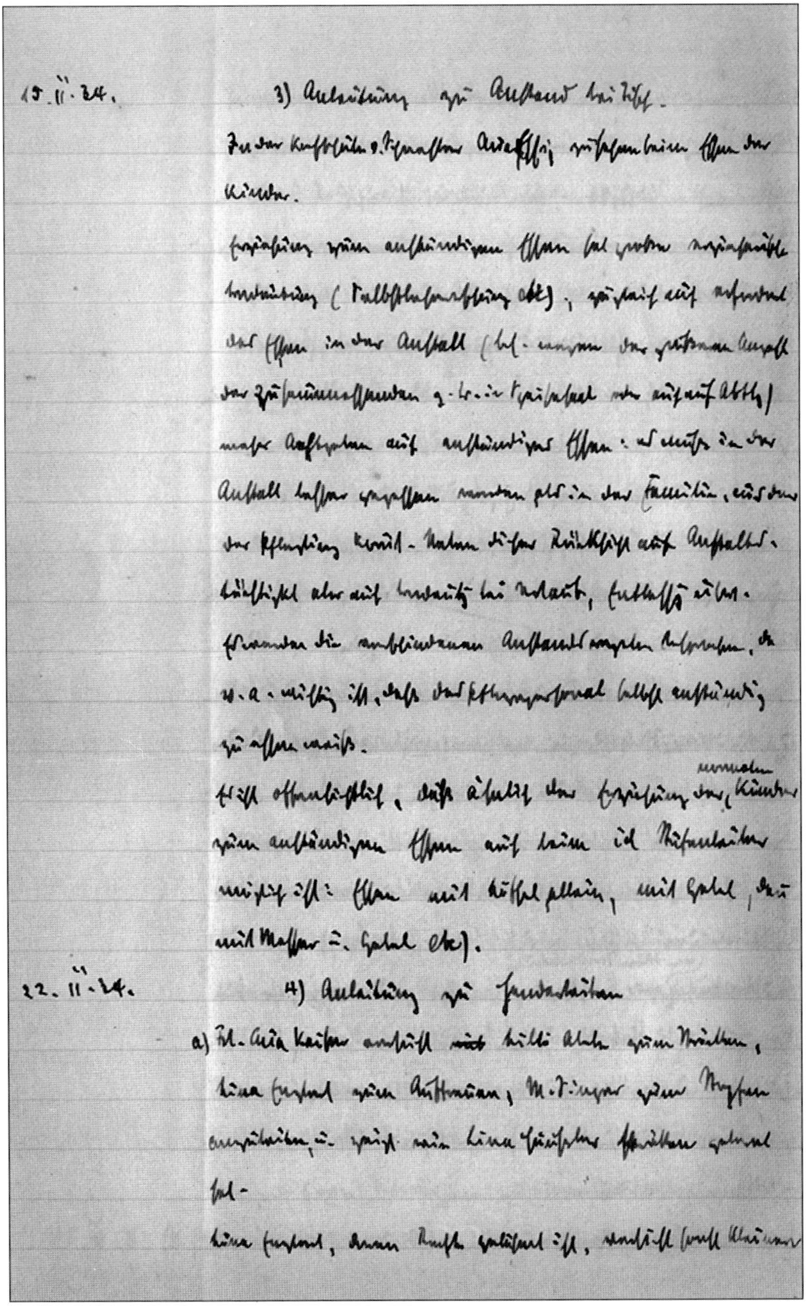

15. II. 34. 3) Anleitung zu Anstand bei Tisch.

[illegible]

Erziehung zum anständigen Essen hat große erzieherische Bedeutung (Selbstbeherrschung etc.), zugleich auch erfordert das Essen in der Anstalt (bes. wegen der größeren Anzahl der Zusammenessenden z. B. in Speisesaal oder auch auf Abtlg.) mehr Aufsicht auf anständiges Essen: es muß in der Anstalt besser gegessen werden als in der Familie, aus der der Pflegling kommt. [illegible]

[illegible] u. a. wichtig ist, daß das Pflegepersonal selbst anständig zu essen weiß.

Es ist offensichtlich, daß ähnlich der Erziehung der normalen Kinder zum anständigen Essen [illegible] wichtig ist: Essen mit Löffel allein, mit Gabel, dann mit Messer u. Gabel etc.

22. II. 34. 4) Anleitung zu Handarbeiten

a) [illegible]

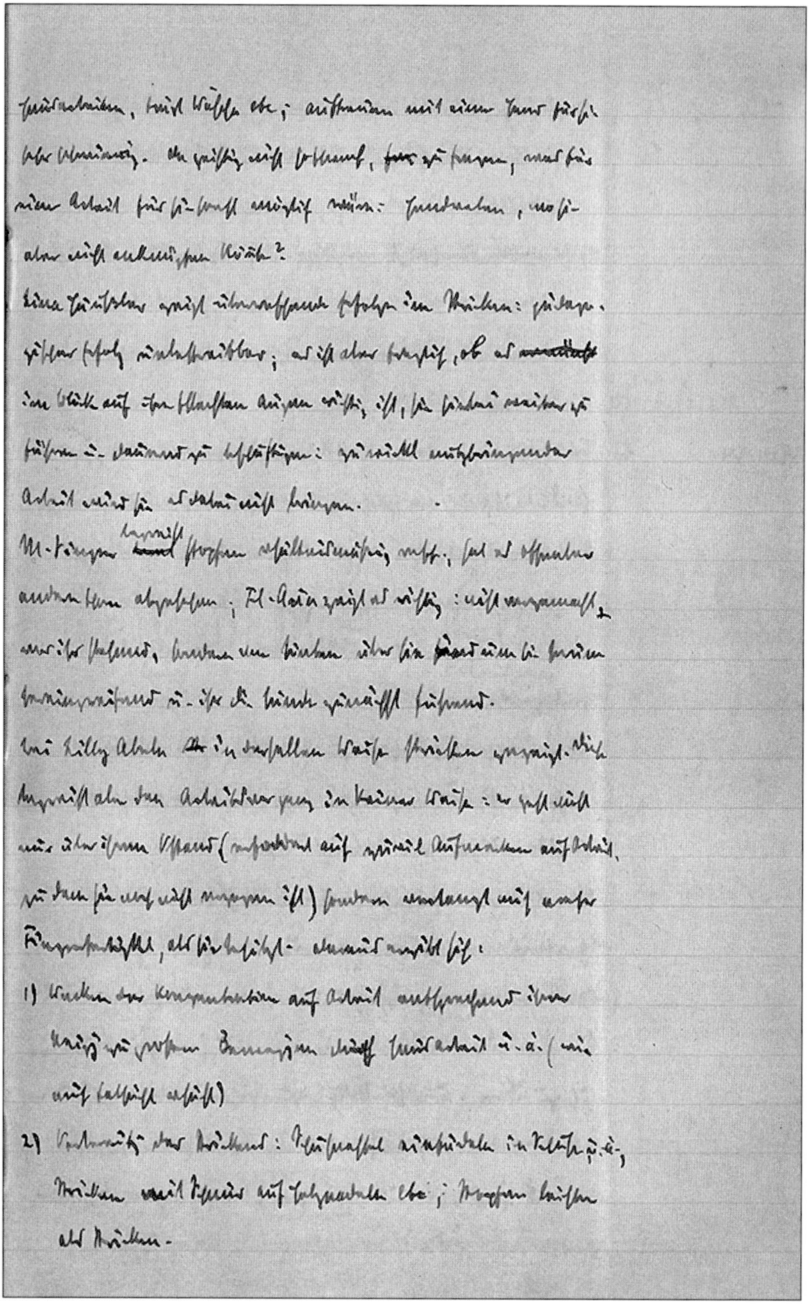

Und dann kam die Prüfung. Jeder Prüfling wird hinsichtlich der durchlaufenen persönlichen Weiterentwicklung beurteilt.

Nach der Prüfung wird dann von der Kommission eine Gesamtauswertung vorgenommen bzw. eine Entscheidung über die Fortführung der Ausbildung getroffen.

Bezeichnenderweise gibt es heftige Kritik von Herrn Dr. Gmelin, der grundsätzlich bezweifelt, ob die ganze Mühe überhaupt lohne. Wer wirklich etwas leisten wolle, gehe doch sowieso nicht in so eine Arbeit!

Missionar Herrmann, Hausvater im Schloss, gibt zu bedenken, dass "viel Wissen anspruchsvoll macht und die Leute für den schweren Dienst verdirbt, ja die einfältige dienende Haltung zerstört..."

Gleichwohl weist Dr. Kammerer energisch darauf hin, dass der Pfleger ein Anrecht auf eine Ausbildung habe in dem, was von ihm verlangt werde.

Oberregierungsrat Loebich betont, Ausbildung sei nötig, auch um der Außenwelt willen, die erwartet, dass wir nicht völlig unausgebildete Leute auf die Kranken loslassen.

Inspektor Schlaich schließlich und Oberlehrer Rupp stellen fest: *Wir müssen Stammpersonal heranziehen, die Neueintretende anleiten können und die auch etwas von der nötigen christlichen Grundhaltung vermitteln können. Im übrigen sei sowieso damit zu rechnen, daß eine Ausbildung sich auf Dauer auch auf die im Reich anstehende Neugestaltung der Gehaltsverhältnisse auswirke.*

Trotz alledem, der nächste Kurs, der im Februar 1936 mit acht Teilnehmern beginnt, wird von vornherein auf ein Jahr begrenzt. Viele Inhalte werden gestrichen, dafür muss die *politische Erziehung* neu in den Lehrplan aufgenommen werden. Der Inspektor scheint zunehmend unter ideologischen Druck im eigenen Hause zu geraten...

Die weiteren Veränderungen im Alltag der Anstalt und die mit Kriegsbeginn eingeleitete Euthanasie-Aktion, die schließlich mit der Auflösung der Anstalt endet, sind in anderem Zusammenhang eingehend dargestellt worden.

Den Wiederbeginn der Arbeit ab Herbst 1945 möchte ich mit zwei Äußerungen von Ludwig Schlaich umrahmen:
"...Wir haben uns für unser ganzes Leben schwer belastet..."
(Brief an einen Freund)

An anderer Stelle: *"Die Chance des Wiederanfangs ist eine unverdiente Gnade, auf die wir 1941 kaum noch zu hoffen wagten. Daß wir wieder anfangen müssen, dazu verpflichtet unser ganzes Volk die Schuld, die es mit der Ermordung seiner Geisteskranken, Schwachsinnigen und Epileptischen auf sich genommen hat..."*

Wiederanfang, das hieß für Ludwig Schlaich auch in puncto Mitarbeitersuche und -gewinnung wieder am Punkt Null anzufangen. Es hieß aber auch von vornherein, an einer notwendigen Qualifizierung für diese Tätigkeit zu arbeiten. Zuerst startete er wieder mit wöchentlichen Abendveranstaltungen und dann auch mehrwöchigen heilpädagogischen Kurz-Kursen.

Ludwig Schlaich war von Anfang an entschlossen, eine fundierte grundständige Ausbildung für die Mitarbeiter an der Basis neu zu entwickeln und damit sogleich aus der eigenen Einrichtung herauszutreten und einen größeren Rahmen zu schaffen, der auch über konfessionelle Grenzen hinausreichte. Gerade auf dem Hintergrund der traumatischen Erfahrungen mit dem Nationalsozialismus wurden für ihn bestimmte Erfordernisse unabdingbar: Er wollte *keine Angestellten* mehr, *sondern Mitarbeiter*, die mitdenken, aber auch Verantwortung mittragen können. Ihre Arbeit sollte eine

regelrechte berufliche Arbeit sein, daher sollten Sie auch einen ordentlichen staatlich anerkannten Beruf erlernen und ausüben. Indem er die staatliche Anerkennung für seine Ausbildung anstrebte, wollte er gleichzeitig gewährleistet sehen, dass Staat und Gesellschaft die Fürsorge für behinderte Menschen als vollwertige und anspruchsvolle berufliche Arbeit begreifen und damit eben auch für die existentielle Absicherung der in dieser Aufgabe Tätigen Sorge zu tragen haben. Mit einem entsprechenden Anteil an Fachkräften konnte so auch ein gewisser Standard für die Betreuung von Staats wegen eingefordert werden.

Schon seit 1950 intensivierte Ludwig Schlaich auf den Jahreskonferenzen des damaligen Verbands der Evangelischen Heil- und Pflegeanstalten Deutschland die Diskussion um die Ausbildung der Mitarbeiter und sucht auch beim katholischen Fachverband Partner für sein Bemühen um staatliche Richtlinien. Es erwies sich aber als schwierig, eine gemeinsame inhaltliche Aussage zu finden. Das Nord-Süd-gefälle der norddeutschen, eher psychiatrisch orientierten gegenüber den von pädagogischen Traditionen geprägten süddeutschen Einrichtungen spielte dabei eine Rolle, aber auch die Abgrenzung gegenüber der Idee, man brauche auch für geistig behinderte

Kinder allenfalls Erzieher, die eben noch eine sondererzieherische Zusatzqualifikation für die Förderung erwerben sollten. Der Kulturföderalismus in der Bundesrepublik Deutschland erschwerte eine Einigung in dieser Frage grundsätzlich auch noch bis heute.

Die Verkündung des Krankenpflegegesetzes des Bundes von 1957 erzwang vollends eine grundsätzliche Besinnung über den Standort der Behindertenhilfe. Auf der Jahrestagung des evangelischen Fachverbandes 1958 in Rickling, stellte Ludwig Schlaich das von ihm bereits 1933 im Kern entwickelte Berufsbild vor und schlug gleichzeitig als Arbeitstitel für eine Berufsbezeichnung *"Heilerziehungspfleger"* vor, im Bewußtsein, daß dieser Begriff eigentlich ein " Wortungetüm" (Zitat Schlaich) und auf jeden Fall erläuterungsbedürftig sei. Da letztlich niemand einen adäquateren Namen vorzuschlagen wusste, setzte sich diese Bezeichnung durch und hielt sich bis heute, obwohl seither mindestens alle zehn Jahre Aktionen zur Namensänderung gestartet wurden...

Ludwig Schlaich hatte - unbeirrt von aller kontroversen Diskussion und Unentschlossenheit innerhalb der Verbände - im April 1958 seine Evangelische Schule für Heilerziehungspflege in Stetten eröffnet, die er aufbauend auf seinem früheren Curriculum jetzt als dreijährige Ausbildung konzipiert hatte. Von Anfang an war ihm daran gelegen, Vertreter des Innenministeriums einzubeziehen, zumindest legte er bei der Prüfung wert auf die Anwesenheit der zuständigen Damen und Herren. Schließlich wurde die Schule 1961 staatlich anerkannt. Frühere Absolventen erhielten ab 1963 auch rückwirkend die staatliche Anerkennung.

Wie das immer so ist: dieser Erfolg von Ludwig Schlaich ermutigte andere Einrichtungen seinen Spuren zu folgen. Die Bahn war grundsätzlich geebnet und plötzlich hängten sich andere Einrichtungen in Baden-Württemberg, Bayern und Niedersachsen an den Wagen und gründeten eigene HEP-Schulen. 1970 schließlich erließ das Land Baden-Württemberg die erste staatliche Ausbildungs- und Prüfungsordnung für die Schulen für Heilerziehungspflege.

Hier ein Blick auf den
ersten Werbeprospekt
unserer HEP-Schule aus
dem Jahr 1959/60.

Heilen
Heilende Kräfte mobilisieren

Erziehen
Einübung in die tägliche Lebenspraxis

Pflegen
Unterstützung in der Befriedigung von Bedürfnissen

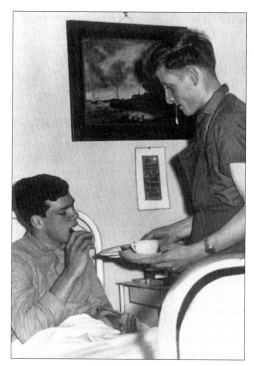

Zur untenstehenden Abbildung:

Frau Dr. Siegel unterrichtet "Bau und Verrichtung des menschlichen Körpers" (heute: Gesundheits- und Krankheitslehre). Als zweite von links ist Frau *Edith Metzger* zu erkennen, die schon bald von Inspektor Schlaich zur Lehrpflegerin bestellt und damit erste hauptamtliche Dozentin unserer Schule wurde. Sie wirkte bis 1983 bei uns. Ihr besonderer Schwerpunkt war die Entwicklung der fachpraktischen Ausbildung und der Praxisanleitung, die im Laufe der Jahre an Umfang und Intensität zunahm und unserer Ausbildung lange Zeit ihr besonderes Qualitätssiegel verlieh.

1953 wurde das *Lehrbuch*: im ersten Entwurf veröffentlicht. Es war jahrzehntelang das einzige berufsspezifische Fachbuch für Pfleger, Erzieher und Lehrmeister. Die revidierte Neuauflage von 1974 brachte dann noch einmal die Aktualisierung vieler Themen in Bezug auf neuere wissenschaftliche Erkenntnisse und Auseinandersetzungen mit pädagogischen und gesellschaftlichen Fragestellungen.

Die Tradition des Bücherschreibens wurde seither von Dozentinnen und Dozenten unserer und anderer Heilerziehungspflege-Schulen bundesweit fortgeführt.

Ein Blick in den Unterricht

Die Pflege und Erziehung
Geistesschwacher und Epileptischer
in Anstalten
der Inneren Mission

Erste Lieferung

Entwurf eines
Lehrbuches für Pfleger, Erzieher und Lehrmeister
von Ludwig Schlaich, Stetten i. R.

1953

LUDWIG SCHLAICH

ERZIEHUNG UND BILDUNG GEISTIG BEHINDERTER
DURCH ELTERN UND ERZIEHER

SCHINDELE VERLAG

1974

Viele Themen sind von Ludwig Schlaich so grundlegend dargestellt und auf den Punkt gebracht worden, dass sie wohl zum "Urgestein" jeder Art von Heilerziehungspflege-Ausbildung gehören dürften.

Als Ludwig Schlaich 1967 die Anstaltsleitung an seinen Sohn übergab, behielt er die Schulleitung noch fünf Jahre bei. 1972 wurde Frau Dr. Dorothea Rau von der Appalachian University in North Carolina, USA, als Schulleiterin eingesetzt. Im Frühjahr 1973 zog sich Inspektor Schlaich dann endgültig von der aktiven Ausbildungsarbeit zurück.

Zu allen Zeiten hat er leidenschaftlich gerne unterrichtet, wovon seine zahlreichen Skripte, vor allem aus früher Zeit, zeugen. Psychologie, Heilpädagogik, später Berufsethik, Berufs- und auch Rechtskunde - viele Fachgebiete also, in die er sich jeweils grundlegend einarbeitete. In allen Bereichen ging es dabei um sein Grundprinzip, die Praxis mit Theorie zu durchdringen, d. h also Sichtweisen, Durchblicke, Ausblicke zu vermitteln. Immer ging es ihm dabei in erster Linie um die Würde der Menschen mit einer Behinderung.

> 17. Kapitel
>
> **Erziehungsplan und Erziehungsmittel**
>
> 1. Beobachtung
>
> Ohne wirkliches Verständnis können wir die uns anvertrauten Kinder und Jugendlichen nicht erziehen und fördern und mit den Erwachsenen nicht richtig umgehen, können wir ihnen allen nicht gerecht werden. Wir müssen also versuchen, uns über die Eigenart der Persönlichkeit eines jeden und seine Entwicklung, über seine Leistungen und sein Verhalten ein möglichst zuverlässiges Bild zu machen. Wir vermeiden dabei, ihn nach seinem moralischen Wert oder nach seiner Leistungsfähigkeit zu beurteilen; vielmehr bemühen wir uns, sein Wollen, sein Gemütserleben, sein Vorstellen und Denken nachzuerleben und sein Wesen zu erfassen. Wir hüten uns auch vor eilfertiger psychologischer Deutung unserer Beobachtungen und beschränken uns lieber bescheiden darauf, charakteristische Verhaltensweisen anschaulich zu erfassen.
>
> Es empfiehlt sich, daß wir für jeden der uns Anbefohlenen einen Beobachtungsbogen anlegen und darin solche Beobachtungen mit Angabe des Datums von Fall zu Fall und in regelmäßigen Abständen eintragen. Wichtig dabei ist, daß wir nicht nur auffällige und vor allem auch nicht nur negative, in Konflikten führende Geschehnisse festhalten, sondern in erster Linie das, was für den Betreffenden überhaupt und zu einer bestimmten Zeit charakteristisch ist. Wenn wir allemal wieder überblicken, was wir uns so zu verschiedenen Zeiten aufschrieben, wird uns die Eigenart des Betreffenden in ihrer Ganzheit deutlich werden, aber auch auffallen, daß unsere Aufschriebe einseitig und unvollständig sind, durch welche Beobachtungen wir sie also ergänzen müssen. Zugleich wird aus der Reihe dieser Niederschriften aber auch eine Entwicklung deutlich werden.
>
> Worauf wir bei diesen Beobachtungen unser Augenmerk zu richten haben, ergibt sich aus allem, was hier in diesem Lehrbuch dargestellt wurde. Ohne daß damit ein festes Schema gegeben werden soll, mag es eine Hilfe sein, wenn hier angegeben wird, auf welche Fragen wir bei unseren Beobachtungen etwa eine Antwort zu geben haben:
>
> Was wissen wir aus den Erzählungen des Pfleglings und seiner Angehörigen über seine Vorgeschichte: über seine körperliche und geistige Entwicklung bis zur Anstaltsunterbringung, über durchgemachte Krankheiten, frühere Schulungs- und Ausbildungsversuche und anderweitige Anstaltsunterbringung und über deren Erfolg? Wie verhielt er sich vor der Anstaltsunterbringung den Seinen und Fremden gegenüber? Erhofften die Angehörigen, daß er geheilt und ausgebildet werden könnte, oder wurde seine Pflege oder Erziehung den Seinen zu schwer aus Gründen, die in seiner Entwicklung lagen oder aber sich aus Veränderungen
>
> 162

im Gespräch mit einem Bewohner

Zu Beginn wies ich auf die derzeitige "Explosion" auf dem Ausbildungsmarkt hin. Die Zukunft des Berufs und der Schulen für Heilerziehungspflege wird sich letztlich an der Qualitätsfrage entscheiden.

Lassen Sie uns daher zum Schluss noch einmal auf Ludwig Schlaich hören.

Auch unsere allerschwächsten Kranken erfüllen den Sinn ihres Lebens, wenn sie im "Geringsten", das ihnen anvertraut ist, eben auch treu sind. Man muß sich freilich schon die Mühe geben, das Leben solcher Kranken mit verständnisvoller Aufgeschlossenheit zu betrachten, um die Möglichkeiten der Treue zu erkennen, die auch ihnen geboten sind und deren Verwirklichung auch von ihnen wie von jedem Gesunden immer wieder neu erkämpft werden muß.

Unser Leben ist nicht dann allein lebenswert gewesen, wenn wir am Ende nachweisen können, was wir in ihm erreicht und an materiellen Gütern produziert haben. Viele unserer Besten stehen nach einem langen Leben treuester Pflichterfüllung und Hingabe im Dienste ihrer Mitmenschen heute vor den Trümmern ihrer Lebensarbeit. Ihr Leben war doch nicht sinnlos, wenn sie als treue Haushalter die ihnen anvertrauten Pfunde im Gehorsam gegen Gottes Gebote und im Dienste ihrer Nächsten verwaltet haben.

Gruß
an Familie Schlaich

Ich möchte Ihnen offen bekennen, dass es mir bei unserer heutigen Veranstaltung nicht ganz wohl ist. Einerseits gedenkt die Diakonie Stetten - die Anstalt Stetten, wie sie zur Zeit von Ludwig Schlaich hieß - eines der bedeutendsten und profiliertesten Männer der Diakonie in Württemberg und weit darüber hinaus. Andererseits waren Vorstand und Verwaltungsrat der Diakonie Stetten nicht in der Lage, im Hinblick auf einige Publikationen der letzten Zeit, besonders auch gegenüber einem Artikel in der Stuttgarter Zeitung am 15. Mai 1999, entschiedenen Widerspruch zu erheben oder Korrekturen einzufordern. Man ließ es vielmehr zu, dass der Eindruck erweckt wurde, als ob dieser wackere Mann im Jahr 1940 bei der Ermordung der Behinderten nicht alles ihm Mögliche getan hätte, um die von oben befohlene Tötung - wie es damals hieß - lebensunwerten Lebens zu verhindern. Dies tut mir insbesondere auch wegen der Familien Schlaich leid. Es war bei den Organen unseres Trägervereins sicher kein böser Wille, man hat einfach vor der Schwierigkeit, die ungeheuerlichen Vorgänge des Jahres 1940 richtig zu begreifen, sie in Worte zu fassen und anderen zu vermitteln, kapituliert.

Luther sagt am Schluss seines Lebens: "Vergil in seinen Bucolica und Georgica kann niemand verstehen, wenn er nicht fünf Jahre Hirte oder Bauer gewesen ist und Cicero in seinen Briefen, kann niemand verstehen, wenn er nicht 40 Jahre in einem hervorragenden Staatswesen tätig gewesen ist" und ich möchte anfügen, Menschen und ihr Verhalten in einer Diktatur, besonders einer solchen, wie der des Nationalsozialismus, kann niemand verstehen, wenn er nicht selbst in einer solchen Diktatur gelebt hat. Deshalb ist es ja auch kein Zufall, wenn derzeit der Umgang der Ostdeutschen und Westdeutschen miteinander so schwierig ist. Wie sollen wir, die wir im freien Westen gelebt haben, das Denken und Fühlen derer verstehen, die vierzig Jahre unter ganz anderen Bedingungen in der DDR waren und umgekehrt.

Ein zweites kommt hinzu: Ist es nicht so, dass jede Generation sich außerordentlich schwer tut, die Väter und

Großväter zu verstehen? Wer nicht in der Jugend den Sedanstag und Königs Geburtstag gefeiert hat, sondern in den siebziger und achtziger Jahren dieses Jahrhunderts seine wesentlichen politischen Eindrücke empfangen hat, versteht nicht, wie tief die Generation von Ludwig Schlaich, insbesondere, soweit sie in deutschnational geprägten Elternhäusern aufgewachsen ist, durch die Art der Verhandlungen in Versailles und insbesondere durch die unglückselige Behandlung der Kriegsschuldfrage verletzt worden ist. Er versteht deshalb schlicht manche Äußerungen nicht, die insbesondere zu Beginn des Dritten Reiches - aber auch später - über Hitler und zum Nationalsozialismus von Leuten dieser Generation gemacht wurden. Es ist ihm unfasslich, daß überhaupt ein Wort der Begeisterung und der Zustimmung zum Dritten Reich oder eine positive Einstellung zum soldatischen Dienst geäußert werden konnte. Er fragt sich, wie verblendet waren diese Männer, wie konnten sie so etwas sagen. Aber vielleicht muss die richtige Frage lauten, wie weit weg von der damaligen Situation sind wir heute, dass wir das nicht mehr verstehen können.

Ich möchte damit nicht sagen, dass wir wegen dieser Schwierigkeiten, dieses garstigen Grabens, die Beschäftigung mit der Geschichte überhaupt, auch mit der Epoche unserer jüngeren

Geschichte, auch der Geschichte der Diakonie Stetten und ihrer Protagonisten sein lassen sollten. Ja nicht, aber wir sollten uns bei all dem bewusst sein, daß der Boden, auf dem wir dabei stehen, außerordentlich brüchig ist, und um so brüchiger wird, je schärfer unsere Urteile sind. Wir sollten bei unserer Beurteilung das biblische Wort, "richtet nicht, auf das ihr nicht gerichtet werden", nicht außer Acht lassen und wir sollten uns auch der geschichtlich bedingten Solidarität und Abhängigkeit der Generationen untereinander bewusst bleiben.

Im übrigen: Ist es nicht das Schicksal jeder Generation, von der nachfolgenden beurteilt und vielfach auch verurteilt zu werden und vielleicht ist diese Kritik an den Älteren auch ein Movens des Lebens dieser Welt. Auch die Füße derer, die uns kritisieren, stehen schon vor der Tür und mancher von uns sieht sich einer ziemlich kritiklustigen Generation , die ihre Füße noch unter seinen Tisch streckt, vis à vis.

Ich frage, was hätte Ludwig Schlaich im Jahre 1940 vom Militärdienst aus oder im Heimaturlaub mehr tun sollen, als er getan hat, was auch jetzt anhand schriftlicher Zeugnisse recherchiert wurde. Seine Aktionen zur Rettung der Behinderten waren ja durchaus nicht ungefährlich. Wer die Reaktionen der damaligen Machthaber kannte, wusste

auch von der Gefahr. (Eine historische Aufarbeitung, die im wesentlichen auf schriftliche Quellen angewiesen ist, wird übrigens nie ganz herausbringen, was wirklich war. Denn in einer Diktatur empfiehlt es sich, nicht zu viele Notizen zu machen.)

Wie gefragt, was hätte Ludwig Schlaich tun sollen über das hinaus, was wir wissen. Dass am Ende nichts zu retten war, ist eine andere Sache. Daß der Tod von über 300 Behinderten, die ihm anvertraut waren, die abgeholt und ermordet wurden, ein Stück des Lebensschicksals von Ludwig Schlaich ist, das ihn gezeichnet hat, steht außer Frage. Vielleicht war es die schwierige Verknüpfung von Schicksal und zwangsläufigen Vorwürfen gegenüber sich selbst, die Ludwig Schlaich, wie man weiß, später wenig darüber hat sprechen lassen. Man macht ja auch sonst die Erfahrung, dass Soldaten, die Schweres erlebt haben, später nicht darüber redeten.

Noch einmal, es tut mir leid, dass durch manche publizierte Äußerung der Eindruck entstehen konnte, als habe Ludwig Schlaich nicht alles getan, um zu retten, was zu retten ist, bis zur Gefährdung des eigenen Lebens. Dass der oben erwähnte Artikel der Stuttgarter Zeitung vom 15. Mai 1999 auch so verstanden werden k a n n, als habe Ludwig Schlaich weitgehend "mit dem

Staat gemeinsame Sache gemacht", ist ein ungeheuerlicher Vorwurf und ganz schlimm. Denn das Gegenteil ist richtig. Wenn es unter unseren heutigen publizistischen Bedingungen so schwierig ist, dies zu korrigieren, sollten wir uns doch nicht scheuen, dort wo es möglich ist, der Unwahrheit entgegenzutreten.

Aber wir wollen heute nicht nur des Ludwig Schlaich vom Herbst 1940 gedenken, sondern der ganzen, fleißigen, mühevollen und gesegneten Lebensarbeit dieses gescheiten und liebenswürdigen Mannes.

Bevor ich auf einige persönliche Erinnerungen zurückkomme, möchte ich doch noch etwas anderes erwähnen:

Als ich vor einigen Tagen meinem Freund, dem früheren Oberkirchenrat Dr. Tompert sagte, daß ich heute ein paar Worte zu Ludwig Schlaich sagen würde, erzählte er mir, dass Ludwig Schlaich der Kompaniechef seines Vaters in Rußland gewesen sei. Sein Vater habe von Schlaich immer mit größter Hochachtung gesprochen und große Stücke auf ihn gehalten. Er sei ein prima Kerl gewesen, menschlich imponierend, was er von vielen anderen Offizieren nicht hätte sagen können.

Und nun ein paar Erinnerungen:

Als Ende der sechziger Jahre in Württemberg die Fusion von Innerer Mission und Hilfswerk anstand, war die Frage, ob das Diakonische Werk als rechtlich selbständiger Verein oder als unselbständiges Werk innerhalb der Landeskirche gestaltet werden sollte. Für beide Alternativen waren Entwürfe gemacht worden und man beriet die Vor- und Nachteile. Eines Tages erklärte Präsident Weeber vom Oberkirchenrat, er empfehle nachdrücklich die Ver einslösung und zwar schon im Hinblick auf den einflussreichen Herrn Inspektor Schlaich, der die andere Alternative wohl kaum mittragen würde.

Nicht nur Herr Schlaich, sondern auch andere Chefs diakonischer Einrichtungen fühlten die Unabhängigkeit der Diakonie - mit Recht übrigens - beim selbständigen Verein besser aufgehoben, als beim unselbständigen Werk der Kirche, wo sie durch die größere Nähe zum Oberkirchenrat doch gewisse gewohnte oder ungewohnte Unannehmlichkeiten befürchteten. Die Geschichte hat gezeigt, daß die Entscheidung für den Verein in der Sache richtig war und, wie gesagt, diesen Entscheid verdanken wir auch Herrn Schlaich.

Die Liebe zur Unabhängigkeit ist verständlich. Wie Ludwig Schlaich in Stetten selbst eine unbestrittene Autorität war, ein strenger Herr, wo alles seine Ordnung haben musste, hoch geschätzt, weil er tat, was er sagte, dem Respekt im besten Sinne entgegengebracht wurde, gehörte er doch zu den Leuten, die wohl die Ratschläge anderer suchen und anhören, aber schließlich dann doch so entscheiden, wie sie selbst es für richtig halten. Für die anderen leitenden Männer und Frauen war es sicher nicht leicht, aus diesem großen Schatten herauszutreten. Aber weil er so herausragend war, ist es wohl nur die Rückseite der Medaille, wenn nun die Kritik sich an ihm festmacht.

Ein anderer Punkt: Wie Sie wissen, hat die Diakonie Stetten, anders als alle übrigen Einrichtungen der Diakonie in Württemberg, eine eigene Zusatzversorgungskasse. Neulich unterhielt ich mich mit einem Wirtschaftsprüfer, der mir sagte, was für eine exzellente Lösung dies sei, um die andere Stetten beneiden würden. In der Tat ermöglicht diese eigene Zusatzversorgungskasse der Diakonie Stetten einige besondere Aktivitäten - ich nenne Weimar und Bad Boll -, die unternommen werden können, ohne die Sicherheit der Alterszusatzrente der Mitarbeiter zu gefährden. "Der Starke ist am mächtigsten allein", sagt Schiller.

Ich erinnere mich aber auch an mehrere Besprechungen, die die Herren Schlaich, Herr Ludwig Schlaich schon im Ruhestand, aber als Mitglied des Verwaltungsrats mit den für die kaufmännische Seite Verantwortlichen, Herrn Singer (der damals ebenfalls im Ruhestand war), Herrn Laiblin und mir führten. Dabei war Ludwig Schlaich immer wieder sehr von der Frage umgetrieben, ob der Stettener Sonderweg richtig ist und beibehalten werden sollte, ob die Risiken nicht zu hoch und wie die Vorteile einzuschätzen seien. Frau Dr. Kraut war nachdrücklich gegen den eigenen Weg und auch das Bruderhaus in Reutlingen hatte sich der kommunalen Zusatzversorgungskasse angeschlossen. Sozusagen in der Tradition der alten Hausväter fühlte sich Ludwig Schlaich nämlich nicht nur für die fachliche Weiterbildung seiner Mitarbeiter und als Theologe für das kirchliche Leben innerhalb der Anstalt, sondern auch für die finanziellen Verhältnisse von Stetten verantwortlich. Ein Vierervorstand, nach Fachbereichen geordnet, wie wir ihn jetzt haben, wäre mit Ludwig Schlaich sicher nicht zu machen gewesen. Aber tempora mutantur: Die Zeiten ändern sich und wer weiß, vielleicht kommen einmal die Tage, wo wir wieder zu anderen, sozusagen älteren Organisationsformen für den Vorstand zurückkehren. Auch hier gilt: variatio delectat, auf deutsch: Die Abwechslung erfreut des Menschen

Herz. In diesem Zusammenhang noch eines: Herr Schlaich verstand den Kostenträger nie als Gegner, sondern als die andere Seite der gleichen Medaille.

Er war übrigens auch ein großer Freund des Bauens, kümmerte sich um Detailfragen bis zur Farbgebung, aber verlor sich nie im Detail und so ist es ihm und Herrn Kilpper zu verdanken, dass für die Entwicklung der Anstalt relativ früh ein Flächennutzungsplan angestrebt und erreicht wurde.

Überhaupt: Das Konzeptionelle. Er hat immer wieder versucht, seine Erfahrungen ins Konzeptionelle, oder anders gesagt, ins Allgemeine zu übersetzen. Nur so war es möglich, dass die Schule für Heilerziehungspflege in Stetten ein Vorbild für die Bundesrepublik werden konnte.

Ein weiteres Beispiel für die immer zugleich über Stetten hinausgreifenden Überlegungen von Herrn Schlaich:

In den Akten des Diakonischen Werks befindet sich ein kleiner Bleistiftzettel aus dem Jahr 1964 oder 65, auf dem Herr Schlaich einige Ortsnamen, wie Lindenhof, Lichtenstern und Schwäbisch Hall, geschrieben hatte und wenige Jahre später konnte man diese Ortsnamen mehr oder weniger gleich im Behindertenplan des Landes Baden-

Württemberg wiederfinden. Auf den Caritasdirektor in Stuttgart übte er nachhaltigen Druck aus mit dem Ziel, die Caritas zur Schaffung einer weiteren Einrichtung in Nordwürttemberg zu veranlassen. Auch hier: Tempora mutantur.

Übrigens: Die kleinen Zettel, die Herr Schlaich gerne verwendete, sind schon deshalb erstaunlich, weil er in den fünfziger Jahren neben der Leitung in Stetten auch die Leitung des Bruderhauses in Reutlingen übernommen und dabei die Sorgen einer Papierfabrik recht eindrücklich kennengelernt hatte. Erstaunlich: diese Belastbarkeit, für einige Jahre neben Stetten auch noch in Reutlingen die Dinge zu gestalten. Er hat dies dann nach einigen Jahren wieder aufgegeben.

Nur nebenbei: Heute, in einer Zeit, in der alle unter dem Siegel der Verschwiegenheit oder auch offen über strategische Allianzen und Zusammenschlüsse reden, würde ein solcher Vorgang - zwei Einrichtungen unter einer Leitung - zu den muntersten Vermutungen Anlass geben. Allerdings ein Gerücht, dass sich Stetten und das Bruderhaus zusammenschließen, habe ich bis jetzt noch nicht gehört. Aber vielleicht sollte man auch darüber nachdenken. Stellen Sie sich vor, wenn das 150-jährige Stetten und das noch ältere Bruderhaus sich zusammenschließen würden, könnte man beim nächsten Jubiläum einer Manuskriptseite von Hermann Hesse die Konstruktionszeichnung eines Maybach und eines Daimler gegenüberstellen. Herr Teufel, dessen Freude an Fusionen bekannt ist, wäre darüber so glücklich, dass er das Sozialministerium anweisen würde, alle Wünsche dieser vereinten Truppe zu erfüllen. Pflegesatzverhandlungen würden dann nur noch zum Schein geführt, abwechselnd bei ein paar Flaschen Stettener Pulvermächer und Reutlinger Wein. Vom Reutlinger würde man jeweils nur eine Flasche brauchen.

Ich will mit folgendem schließen:

Nachdem sein Sohn Peter in seiner Nachfolge die Leitung der Anstalt Stetten übernommen hatte, war Ludwig Schlaich in den Verwaltungsrat gewechselt und einige Jahre waren er und ich gemeinsam im Verwaltungsrat und wir saßen meistens nebeneinander. Dabei habe ich ihn bewundert, wie zurückhaltend und nobel er einerseits seine Erfahrungen in die Verhandlungen einbrachte, da und dort vielleicht auch kritische Bemerkungen machte, sich im ganzen jedoch zurückhielt und nie seine Erfahrungen gegenüber seinem Sohn ausgespielt hat. Ist es nämlich schon schwierig, wenn der Vorgänger im Aufsichtsgremium des Nachfol-

gers sitzt, so ist es doppelt schwierig, wenn der Nachfolger der Sohn des Vorgängers ist. Aber wie gesagt, Ludwig Schlaich bewältigte die Situation mit erkennbarer Zuneigung zu seinem Sohn und mit Noblesse.

So bleibt in mir das Bild eines Mannes, wie er im alten Württemberg nicht selten war. Gescheit, fleißig, klar im Wissen, um das, was man will, auch was man von anderen fordern darf, selbstbewusst, aber dieses Selbstbewusstsein war in der Waage gehalten, einmal durch das christliche Wissen um die eigene Schwäche und die eigene Geschichte und zum andern durch persönliche Bescheidenheit und Liebenswürdigkeit.

Begegnungen
mit Ludwig Schlaich

Um meine erste Begegnung zu beleuchten, benütze ich gleichsam als Kontrast-Text eine Tiergeschichte von Manfred Kyber:

Da lebte ein Seehund mit dem Namen JEREMIAS KUGELKOPF weit draußen im Weltmeer. Er hatte auch höhere Interessen. Wenn er die Glocken an der Küste von Feuerland läuten hörte, wurde er sehr andächtig. Dann rollten auch Tränen aus seinen Augen. Eines Tages wagte er die große Reise seiner Sehnsucht und schwamm - viele Tage lang - an die Küste von Feuerland. Am Ufer angekommen tat er einen gewaltigen Satz und schnellte sich hinauf - gespannt, was er finden würde. Was er fand, war sonderbar. Auf dem Ufer saßen Scharen von Pinguinen. Sie wedelten mit den Flügeln, die wie Talare auf weißen Chorhemden aussahen. Solche komische Vögel hatte er noch nie gesehen. Sie sprachen alle durcheinander und verbeugten sich dabei unentwegt. Einer - groß und dick - sprach ihn an: "Sie wollen wohl unsere Eier besichtigen?! Wir legen sehr viele Eier. Viele Touristen aus aller Welt wollen sie besichtigen". "Nein, die Eier wollte ich eigentlich nicht sehen. Ich wollte die Glocken von Feuerland ganz nah läuten hören. Sie läuten doch jeden Abend hier. Oder habe ich mich geirrt?" "Natürlich läuten die Glocken" sagte der Dicke ärgerlich. Aber die Hauptsache sind doch die Eier, die wir legen!" Da läuteten die Glocken und Jeremias Kugelkopf freute sich. Aber die sonderbaren Vögel kreischten entsetzlich und zankten sich um die Eier. Die Glocken erstickten in ihrem Geschrei. - Da sprang Jeremias Kugelkopf voll Schrecken mit einem Satz ins tiefe Weltmeer zurück und schwamm weit weg, dorthin, wo er nicht das Schreien der Vögel, aber die Glocken noch hören konnte. Und seine Tränen tropften ins Weltmeer ....

Soweit diese Geschichte. Freilich passt nur ihr erster Teil zur Beschreibung meiner Begegnung mit Stetten. Als ich 1955 nach Neuendettelsau kam - vorher gehörte mein Dienst einer aufblühenden 7000-Seelen-Gemeinde in der Erlanger Ostvorstadt - erschloss sich

mir eine neue Welt: Viele hundert Diakonissen und Diakone, Schulen aller Art, Heime für Kinder und alte Menschen, Gemeindestationen, Kindergärten, Krankenhäuser an vielen Orten Bayerns - jeweils mit Neuendettelsauer Mitarbeitern besetzt - und vor allem mit einer großen Behindertenarbeit. Wo sollte ich gerade für diesen immer wichtigeren Zweig Erfahrungen, Pläne und Visionen abfragen? "Fahren Sie nach Stetten zum Inspektor Ludwig Schlaich! Dort erleben Sie eine moderne und weitgefächerte und beispielhafte diakonische Arbeit, in der die Mitte, nämlich die Christusliebe, noch erlebbar ist!" Ich fuhr hin und ließ mir von Ludwig Schlaich einen Tag lang die Stettener Diakonie erläutern, sah, wie die behinderten und nichtbehinderten Einwohner auf der Hangweide oder im Schloss und in der Umgebung auf Schlaich zugingen und wie er sie alle beim Namen kannte - ich erlebte einen "Vater der Behinderten", der mir nicht nur seine Grundsätze erläuterte (seine "Eier" zeigte), sondern mich dabei auch die "Glocken" hören ließ: Damals erfuhr ich die Diakonie Stetten als gelebte Bibelarbeit mit Herzen, Mund und Händen - und war glücklich!

Dankbar fuhr ich wieder zurück in das größte Diakonische Werk in Bayern (Neuendettelsau) und machte mich an die Arbeit, das in Stetten "Gelernte" möglichst gut umzusetzen.

Im Gespräch mit den Mitarbeitern gingen wir ans Werk, unsere Häuser der Behinderten weit aufzumachen für Besucher aller Art, für Gemeinden und Freunde aller Couleur. Wir führten neue Festtage ein, jährliche "Tage der Freude", die wie kleine Kirchentage viele Hunderte von Menschen anzogen und unter der Mitgestaltung - gerade der behinderten Bewohner - eine vorher so nicht gekannte Gemeinschaft ohne Schwellenangst, ohne ängstliche Trennungsbarrieren verwirklichten. Zusammen mit den leitenden Schwestern und Brüdern unserer großen Heime fuhren wir zu den Jahresfesten in Stetten und nahmen dort Anregungen und Ermutigung zur eigenen Gestaltung mit nach Hause. Aus dieser Arbeitsverbindung erwuchs dann auch meine Mitgliedschaft im Verwaltungsrat, dessen Vorsitzender ich von 1975 bis 1992 blieb.

In der Zwischenzeit nahm meine Begegnung mit Ludwig Schlaich und seinem Einfluss auf die Behindertenhilfe auch sehr persönliche Züge an. Als es sich zeigte, daß unser zweites Kind, Angelika, aufgrund von Schäden bei der Zangengeburt so sehr geistig be-

hindert war, dass sie in eine angemessene Dauerbehandlung gegeben werden musste, brachten wir sie - schweren Herzens - nach Stetten. Was wir bei der Aufnahme dort, bei unseren regelmäßigen Besuchen viele Jahre hindurch und bei den Gesprächen mit den Männern und Frauen, denen sie dort anvertraut war, erlebten, zeigte uns, wie sehr Ludwig Schlaich (und in seiner Nachfolge dann Peter Schlaich) als Animateur und Motivateur segensreich und auch ermutigend für die betroffenen Eltern wirkte. So wurde uns - trotz des Schmerzes über die Trennung von unserer Angelika - die Hangweide ein Dorf ohne Angst. Zugleich für viele andere sind wir bis heute Frau Hanne Heck für die Zuwendung dankbar. Die aktuellen Themen von heute waren damals noch nicht im Gespräch. Weder diskutierte man über einen Diakonie-Konzern noch über Kundenfreundlichkeit (statt Nächstenliebe) oder über die Anpassung an die Bedürfnisse oder Gesetze des Marktes. Aber, dass Stetten für alle Bewohner eine nach außen offene Heimat wurde und blieb und dass der offene Himmel darüber nicht verschwiegen wurde, war für uns **die** Beruhigung. So oft wir konnten, nahmen wir auch an Andachten und Gottesdiensten teil und fragten uns, ob Angelika wohl viel davon verstehen würde - denn sie äußerte sich nie darüber. Aber es gab dann doch eine wunderbare Erfahrung mit ihr, die uns an die Glocken von Stetten erinnerte und uns, als sie plötzlich starb, gewiss sein ließ, dass sie die Botschaft von der Barmherzigkeit Gottes und von seiner Ewigkeit verstanden hatte.

Die letzte Begegnung mit Ludwig Schlaich hängt zusammen mit der Aufarbeitung der Geschichte der diakonischen Behindertenhilfe während des Dritten Reiches, die schließlich auch in Stetten angepackt wurde, nachdem Ludwig Schlaich längst tot war und als Zeitzeuge nicht mehr befragt werden konnte. Die Suche nach der historischen Wahrheit ist nötig, auch wenn sie schmerzt. Wir sind sie den Opfern von damals, ihren Angehörigen und Familien, unseren Gemeinden und vor allem auch den heutigen Mitarbeitern schuldig. Dabei kann man aus Briefen und Protokollen, aus der Befragung von Zeitzeugen und aus wissenschaftlichen *objektiven* Erhebungen manches zu Tage bringen, was uns alle in die Buße treibt, die wir damals meinten, "uns nicht entziehen zu können" (siehe dazu das neue Buch mit diesem Titel aus dem Quell-Verlag):

Ludwig Schlaich hat mit mir über seine Verantwortung in diesen Jahren des Dritten Reiches oft gesprochen. Das war der tiefste Grund für seine Leidenschaft, Stetten für alle zu öffnen, die kommen und sehen wollten und bereit waren sich der Mitverantwortung für ein erfülltes Leben auch behinderter Menschen zu stellen, ohne nach der materiellen "Nützlichkeit" zu fragen: "Wenn ich noch einmal diese Arbeit anvertraut bekäme" so ließ er mich seine Gedanken aus der Stunde, da er vor dem Scherbenhaufen seines Werkes stand, wissen, "würde ich alles tun, damit nicht noch einmal Machthaber oder "Wissenschaftler" sich an dem Leben solcher von Gott geliebter Menschen vergreifen könnten, während die Gesellschaft (einschließlich der Gemeinden) schweigend oder "nichtwissend" zusähen!" Hat er dieses Versprechen nicht eingelöst??

Während der letzten Jahre habe ich gelernt: Zu den Fakten der Geschichte, die aufzuarbeiten ist, gehört auch die Motivation der Handelnden, die sich aus Papieren allein nicht fehlerfrei ableiten oder erhellen lässt, zumal wenn es um Perioden eines totalen Systems geht. Wir können Ludwig Schlaich heute nicht mehr befragen. Darum scheint mir heute geboten zu sein, "Erbarmen mit den Vätern" zu zeigen (wie es kürzlich ein bekannter bayerischer Journalist formulierte) und das immer neue Aufrechnen von Schuld - ohne überzeugende Beweise - aufzugeben. "De mortuis nihil nisi bene" heißt doch nicht verabscheuungswürdige Untaten Verstorbener unter den Teppich zu kehren, wohl aber "wenn es um die Toten geht, nur im Guten". Also gewissenhaft (ohne vorgefasste Meinungen oder vorauseilende Verurteilungen). Nobel, d.h. um die Würde auch der im Tollhaus der Hitlerzeit schuldhaft Verstrickten bemüht zu sein. Oder - um mit Luthers Auslegung zum 8. Gebot - wo es um den rechten Umgang mit Menschen unter dem Thema Wahrheit geht - zu sagen: ...sondern ihn entschuldigen, Gutes von ihm reden und alles zum Besten kehren".

Denn - so frage ich uns heute Lebende: Meinen wir denn, die damals Verantwortlichen in der kirchlichen Diakonie wären weniger gottesfürchtig oder träger im Gebet gewesen als wir heute? Immer, wenn ich auf dem Stettener Friedhof an den Gräbern meiner lieben Frau Annemarie und unserer lieben Angelika stehe, drehe ich mich um zu dem schlichten Grab des Ludwig Schlaich (das wahrlich kein Denkmal für einen ist, der sich seine eigene Helden-Legende dichten wollte).

Ich bin stolz auf die Tübinger theol. Fakultät, die ihn mit ihrem sehr raren Ehrendoktor geehrt hat, und erinnere mich der festlichen Stunde, als ihm der Prodekan Hermann Diem die Laudatio verlas. Der Geehrte dankte mit schlichten Sätzen. Dabei erinnerte er an den Satz, mit dem Landesbischof Wurm damals seinen Protestbrief an die Reichsregierung (19. Juli 1940) geschlossen hatte: dixi et salvavi animam (auf deutsch: ich habe gesprochen und damit meine Seele gerettet). "So einfach konnte ich es mir nicht machen!", schloss Ludwig Schlaich seine Dankesrede, und wer Ohren hatte zu hören, verspürte etwas von der tiefen Traurigkeit über sein schicksalhaftes Versagen.

Ich danke Gott für diesen Ludwig Schlaich.

Kottnik, Klaus-Dieter	Pfarrer, Jahrgang 1952, Vorstandsvorsitzender der Diakonie Stetten seit 1991, Kernen
Maier, Claus	Prälat, Jahrgang 1942, Verwaltungsratsvorsitzender der Diakonie Stetten seit 1992, Vorsitzender des Diakonischen Werks Württemberg seit 1997, Reutlingen
Schaudt, Hans-Ulrich	Dr., Rechtsanwalt, Jahrgang 1930, Stellv. Vorsitzender des Verwaltungsrates der Diakonie Stetten seit 1972, Stellv. Vorsitzender des Diakonischen Werks Württemberg 1975 - 1995, Stuttgart
Schober, Theodor	Professor, Dr. D., Jahrgang 1918, Präsident des Diakonischen Werks der EKD i. Ruhestand, Verwaltungsratsvorsitzender der Diakonie Stetten 1974 - 1992, Göttingen, Loßburg
Sperl, Martin	Pfarrer, Jahrgang 1944, Leiter der Ludwig-Schlaich-Schule Waiblingen seit 1977, Vorsitzender des Vorstands der Bundesarbeitsgemeinschaft der Ausbildungsstätten für Heilerziehungspflege und Heilerziehung in Deutschland e.V. (BAG) seit 1991, Waiblingen

DenkMal